GEMEINSAM BASTELN GEMEINSAM WACHSEN

Das Kinderbastelbuch für gezielte Förderung

INHALT

FRÜHLING

SOMMER

HERBST

WINTER

VORWORT

Dieses Buch ist für alle Eltern und Pädagogen, die ihre Kinder spielerisch fördern möchten.

Die Bastel- und Spielideen in meinem Buch sind ganz einfach ohne Vorlagen und ohne spezielles Material umzusetzen. Für diese Projekte brauchst du kein Basteltalent, sie sind ganz simpel gehalten, sodass sie wirklich jeder nachgestalten kann.

Mir ist es außerdem wichtig, mit Dingen zu lernen, zu spielen und zu basteln, die man bereits zu Hause hat oder vielleicht sogar entsorgt hätte. Es müssen nicht immer aufwendiges Bastelmaterial oder teure Lernspiele sein, um dein Kind zu fördern. Vieles kann man ganz schnell zu Hause mit Alltagsgegenständen vorbereiten und das möchte ich dir gerne in diesem Buch zeigen.

Deine Juliane

GEZIELT FÖRDERN – ABER WIE?

Das Wichtigste zuerst:

JEDES KIND ENTWICKELT SICH GANZ INDIVIDUELL IN SEINEM EIGENEN TEMPO UND DAS IST GUT SO!

Kinder sind von klein auf neugierige Wesen, die von sich aus an ihrer Umwelt interessiert sind und gerne Neues lernen. Unsere Aufgabe als Eltern und Erzieher ist es, sie dabei bestmöglich zu unterstützen und zu fördern. Wir wollen unser Kind ermutigen altersentsprechende Dinge oder Tätigkeiten selbst auszuprobieren, das führt zu einem Erfolgserlebnis und stärkt wiederum das Selbstbewusstsein. Durchs Experimentieren und Fehler-machen-dürfen gewinnt dein Kind viele neue Erkenntnisse und sammelt Erfahrungen, die es dann in seinem Alltag entsprechend anwenden kann. Was wir oft als „nur" spielen wahrnehmen, sind für dein Kind enorme Lernfortschritte. Je nachdem was ein Kind spielt, hat es z.B. gelernt, sich zu konzentrieren, aufmerksam zu sein und mit Spielpartnern zu interagieren.

KINDER DÜRFEN SICH DRECKIG MACHEN

Ich möchte dich ermutigen, deinem Kind zu erlauben, sich beim Spielen dreckig machen zu dürfen. Die meisten Kinder lieben es, zu experimentieren und zu forschen, dazu gehört es auch, dass man sich mal ankleckert. Hände in den selbst gemachten Schleim tauchen, Füße im Sand vergraben oder mit Rasierschaum malen macht den meisten Kindern nicht nur großen Spaß, sondern fördert auch ihre taktile Wahrnehmung und regt ihre Sinne an. Wenn wir von unseren Kindern verlangen bzw. sie dazu auffordern, dass sie sich nicht schmutzig machen dürfen, können sie nicht uneingeschränkt spielen und werden in ihrer spielerischen Kreativität gebremst.

WENN DEIN KIND NICHT BASTELN WILL?

Dann ist das okay und sollte von uns Eltern akzeptiert werden. Kein Kind muss basteln, zwing dein Kind nicht zum Malen. Ermutige es oder biete das Basteln zu einem späteren Zeitpunkt nochmal an. Dein Kind soll sich mit Dingen beschäftigen, die ihm Freude machen. Du kannst deinem Kind das Basteln aber schmackhaft machen, indem du seine aktuellen Interessen aufgreifst z.B. das Thema Insekten oder Weltall und eine Bastelarbeit zu diesem Thema anbietest. Zuerst beobachtet ihr gemeinsam ganz vorsichtig eine Ameise in einer Becherlupe und danach bastelt ihr passend dazu ein Insektenbild mit Fingerabdrücken. So verbindest du Wissensvermittlung, das Interesse des Kindes und kreatives Gestalten miteinander.

WAS IST FREIES BASTELN?

Freies Basteln empfehle ich besonders bei Kindern, die kein großes Interesse am kreativen Gestalten haben. Das Basteln ohne Vorlagen und Vorgaben weckt die Kreativität und Fantasie der Kinder. Biete deinem Kind eine kleine Auswahl an Materialien an z.B. Pfeiffenputzer, auch Chenilledraht genannt, Kleber, Schere, Perlen und Karton und lass dein Kind damit experimentieren und basteln. Versuch, dich zurückzulehen, dein Kind einfach nur mal zu beobachten und nur dann zu helfen, wenn es danach fragt. Du wirst staunen, auf was für tolle Ideen dein Kind kommt und welche Kunstwerke dabei entstehen. Bei jüngeren Kindern würde ich weniger Material anbieten, zwei bis drei Materialien reichen völlig aus, ansonsten kann es passiert, dass sich das Kind überfordert fühlt und erst recht keine Lust mehr zum Basteln hat.

PARTIZIPATION – LASS DEIN KIND MITENTSCHEIDEN:

Wir Erwachsene haben meistens ganz konkrete Vorstellungen, wie eine Bastelarbeit auszusehen hat oder wie ein Spiel funktionieren soll.
Kinder sehen das oft anders. Es ist sehr wahrscheinlich, dass sich dein Kind nicht immer an die Spielanleitung oder eine Bastelvorlage hält. Das ist gut so! Sei deswegen nicht enttäuscht, sondern unterstütze das Mitentscheiden deines Kindes. Es ist unglaublich wertvoll, wenn Kinder ihre eigenen Ideen einbringen und ihre Wünsche äußern können. Kinder haben so tolle, einfallsreiche Ideen, wenn man ihnen den Raum zum Mitentscheiden gibt. Bestärke dein Kind in seinem Tun und ermutige es, Entscheidungen selbst treffen zu dürfen. Dein Kind gewinnt dadurch an Selbstbewusstsein, Eigenständigkeit und Vertrauen ins sich selbst.

AUF BEDÜRFNISSE EINFÜHLSAM REAGIEREN

Auch beim kreativen Gestalten ist es wichtig, die Bedürfnisse des Kindes wahrzunehmen, es gibt zum Beispiel Kinder, die es als unangenehm empfinden, wenn sie ihre Hände bemalen müssen, um Handabdrücke zu stempeln. Sei in solchen Situationen einfühlsam und biete deinem Kind andere Möglichkeiten an, evtl. möchte das Kind nur einen Finger bemalen oder es darf stattdessen die Hand eines anderen Kindes oder eines Erwachsenen bemalen. Somit wird das Kind von dieser Bastelarbeit nicht ausgeschlossen und kann trotzdem mitgestalten.

KANN DAS MEIN KIND ÜBERHAUPT?

Du kennst dein Kind am besten. Du weißt, was deinem Kind Spaß macht und welche Fähigkeiten es bereits beherrscht. Wenn du dir nicht sicher bist, ob dein Kind eine bestimmte Bastelarbeit oder ein Spiel schon kann, dann probier es einfach aus, es kann nichts passieren. Im schlimmsten Fall hast du das Bastelmaterial hergerichtet oder das selbst gemachte Spiel gestaltet und es wird eben nicht benutzt. Verlier nicht den Mut, sondern verräume es und biete es zu einem späteren Zeitpunkt erneut an. Falls du dir nicht sicher bist, ob dein Kind bereits mit einem Pinsel malen oder mit einer Schere schneiden kann, kannst du dies auch einfach gemeinsam mit deinem Kind testen. Du wirst schnell erkennen, ob schon der richtige Zeitpunkt dafür gekommen ist oder ob dein Kind noch Zeit braucht, um damit zu arbeiten.

UND NACH DEM BASTELN?

Sei ein Vorbild für dein Kind und räumt den Tisch nach dem Basteln gemeinsam auf. Biete deinem Kind eine kleine Schaufel und einen kleinen Besen zum Aufkehren an. Die fertig gebastelten Bilder und Projekte könnt ihr z.B. auf einer langen Schnur im Vorraum aufhängen. Mit Wäscheklammern kann dein Kind seine Werke selbstständig nach dem Basteln auf der Schnur befestigen. So bekommt noch einmal jedes Kunstwerk seine besondere Aufmerksamkeit, darf von den anderen Familienmitgliedern bewundert werden und wird nicht einfach in einer Schublade verräumt.

MEIN BASTELWAGEN

Wenn du genug Platz zu Hause hast, kann ich dir empfehlen, einen kleinen Bastelwagen zusammenzustellen. Alle Materialien zum Basteln sind darauf platziert und gut verstaut. Jedes Material hat seinen eigenen Platz und dein Kind kann sich selbstständig seine Bastelmaterialien, die es benötigt, aussuchen.
Dein Kind hat immer Zugriff darauf und dank der Rollen kann man den Bastelwagen ganz einfach von einem Ort zum anderen schieben. So sind immer alle Materialien griffbereit und in der Nähe vom Bastelbereich.

GRUNDAUSSTATTUNG BASTELMATERIALIEN

- Schere
- Kleber
- Cutter mit Schneideunterlage
- Bastelleim
- Klebeband
- Klebefolie
- Buntstifte
- Filzstifte
- Fingerfarben
- Wasserfarben
- Ölkreiden
- Lebensmittelfarben
- Pinsel
- buntes Bastelpapier
- weißer Bastelkarton
- alter Karton
- alte Verpackung z.B. Eierkarton
- Holzstäbchen klein und groß
- Pompons in verschiedenen Farben und Größen
- Pfeiffenputzer in verschiedenen Farben
- Knöpfe in verschiedenen Farben und Größen
- Wäscheklammern
- Schraubdeckel/ Stöpsel
- Wollreste
- Klorollen
- Heißklebepistole
- Wackelaugen
- Perlen

ENTWICKLUNGSTABELLE

Mithilfe der Entwicklungstabelle auf den folgenden Seiten für Kinder von 2 bis 6 Jahren ist es möglich, einen Einblick in die durchschnittlichen Entwicklungsstadien in den Bereichen Sprache, Denken, Sinne, Spielen und Motorik zu bekommen.

Die einzelnen Symbole finden sich auch hinten im Register und bei den einzelnen Modellen wieder.

Die Symbole zeigen, welches Modell sich für die Förderung des einzelnen Entwicklungsbereiches gut eignet. **Altersangaben** zu den Modellen gibt es bewusst nicht, denn jedes Kind entwickelt sich unterschiedlich schnell in den Entwicklungsbereichen und sollte nicht durch eine Altersbeschränkung darin ausgebremst werden.

Die Entwicklungstabelle dient nur zur **groben Orientierung. Jedes Kind ist einzigartig und entwickelt sich ganz individuell**, jedes Kind hat unterschiedliche Bedürfnisse und Interessen. Fördere dein Kind in den Bereichen, in denen es Interesse hat und stärke die damit einhergehenden Fähigkeiten. Baue auf dem auf, was dein Kind bereits gut kann auf. Dein Kind muss in keine Tabelle passen, es darf in seinem eigenen Tempo lernen und sich entwickeln.

ZWEI JAHRE

SPRACHE

- reiht mehr als zwei Wörter aneinander
- beginnt sprachliche Regeln wahrzunehmen
- benennt Dinge, die es sieht
- singt bei Liedern und Melodien mit

DENKEN

- nennt sich beim eigenen Namen
- unterscheidet und erkennt die drei Formen Dreieck, Rechteck und Kreis
- kann einen Turm mit drei Bausteinen bauen
- weiß, dass eine versteckte Kugel noch da ist, obwohl man diese im Moment nicht sehen kann

SINNE

- beobachtet und ahmt nach
- greift gezielt nach der Rassel, um Klang hervorzurufen
- fühlt den Unterschied zwischen warm und kalt
- erkennt verschieden Materialen mit den Händen (z.B. Paillettenwand)

SPIELEN

- beginnt mit Nachahmungsspiel, beobachtet andere und ahmt sie nach
- überträgt bereits Gelerntes auf Situationen während des Spielens
- hat bevorzugte Spielpartner
- kann sich nur kurze Zeit auf ein Spiel oder eine Spielsituation konzentrieren

MOTORIK

- steckt Marmeladenglasdeckel durch einen Schlitz z.B. in Karton
- blättert Buchseiten gezielt um
- hält den Stift im Faustgriff
- kann kleines Spielzeug, welches in Zeitungspapier gewickelt worden ist, wieder auspacken

	DREI JAHRE	VIER JAHRE
SPRACHE	• benennt Abstufungen wie z.B. klein/kleiner • fragt viel nach, benutzt die W-Fragen (Warum? Wie? Wo? Wer?) • beherrscht die Ich-Form • drückt Gefühle sprachlich aus • kann Gehörtes zusammenfassen und wiedergeben	• kann Gehörtes zusammenfassen und wiedergeben • kann einzelne Schritte kommentieren und erklären z.B. bei einer Bastelanleitung • kann die Grundfarben benennen • bittet um Hilfe, wenn es etwas noch nicht kann
DENKEN	• schraubt Deckel auf und zu • kann nach Größe, Form und Farbe sortieren • kennt den Unterschied zwischen „eins" und „viele" • kann Zusammenhänge erkennen z.B. Lichtschalter an/aus	• sucht nach Lösungen bei auftretenden Problemen • kann verschiedene Muster und Formen mit Holzstäbchen nachlegen • experimentiert und probiert aus z.B. Farben mischen • weiß, dass es Dinge, die es verleiht, wiederbekommt
SINNE	• Klänge werden mit Alltagsgegenständen erkundet (z.B. Topfdeckel zusammenschlagen) • kann harte oder weiche Gegenstände mit den Händen erfühlen (z.B. Stein und Watte) • erkennt verschiedene Töne am Xylofon • kann Barfuß über verschiedene Materialien gehen und die Unterschiede fühlen	• sammelt Materialien, die es in der Natur findet • kann im Sand nach „Schätzen" graben • weiß, was ihm angenehm und unangenehm ist • kann Füllung von verschiedenen Säckchen ertasten (z.B. Reis, Wasserperlen)
SPIELEN	• beginnt einfaches Rollenspiel • achtet auf Reaktion und Mimik seines Gegenübers • verkleidet sich und spielt Alltagssituationen nach • wirft Ball in Wäschekorb	• zeigt eigenen Willen durch „nein" sagen und äußert Wünsche im Spiel • formuliert selbst Regeln bei Spielen und denkt sich andere Spielvarianten aus • wird von seinen eigenen Interessen geleitet • kann geduldig sein und warten, bis es an der Reihe ist
MOTORIK	• schneidet einen Papierstreifen entzwei • öffnet Reißverschlüsse • fädelt große Perlen auf einen Pfeiffenputzer • kann mit einer Riesenpinzette Wattekugeln von einem Behälter in einen anderen bewegen • kann Wasser von einer Kanne in eine andere füllen	• kann Wasser von einem Krug in einen anderen füllen • hält Stift mit drei Fingern (Dreipunktgriff) • kann Wäscheklammern an einem Becherrand befestigen • benutzt Messer und Gabel zum Essen

	FÜNF JAHRE	SECHS JAHRE
SPRACHE	• kann in komplexeren Sätzen sprechen • beherrscht Zisch-Laute wie „ch“ und „sch“ • kann Nebensätze bilden • kann seine eigenen Körperteile benennen	• erzählt Erlebnisse verständlich nach • kann Grammatikformen korrekt anwenden • kann kleine Reime und Fingerspiele auswendig lernen • hat eine Vorstellung von Zeit (gestern/heute/morgen)
DENKEN	• kann seine eigenen Ideen einbringen • merkt sich vier Gegenstände, die in einer Box versteckt sind • kann statische Überlegungen anstellen und nach einem Bauplan bauen (z.B. mit Bausteinen) • versteht Experimente und kann die Ergebnisse erklären (z.B. Gegenstand schwimmt/geht unter)	• kann einfach Muster spiegelverkehrt nachlegen • kann einfache Faltanleitungen befolgen • beginnt eigene Handlungen zu planen (z.B. „Was brauche ich auf dem Spielplatz?“) • kennt die Zahlen von eins bis zehn auswendig
SINNE	• macht bei Klanggeschichten mit • kann mit verschlossenen Augen drei verschiedene Obstarten erschmecken • kann Zahlen im Sand oder Rasierschaum nachschreiben • kann behutsam mit Orff-Instrumenten umgehen und diese ausprobieren (Triangel, Glockenspiel, Rassel, usw.)	• kann verschiedene Düfte unterscheiden • kann bei Massagegeschichten aktiv mitmachen und seine Wünsche anmerken (mit Pinsel über den Handrücken streichen) • kann sich im Dunklen einen Weg mit der Taschenlampe leuchten • kann zwischen langen und kurzen Tönen unterscheiden (genaues Hören)
SPIELEN	• akzeptiert Verlieren und erlebt es nicht als persönliches Versagen • kann ausführliche Konversationen mit Spielpartner während des Spiels führen • knüpft neue soziale Kontakte, schließt Freundschaften • akzeptiert Spielregeln	• kann sich konzentriert ins Spiel vertiefen • übernimmt Führung und Verantwortung beim Spielen in der Gruppe • kann mit Frustration umgehen • sucht sich selbstständig Spielpartner aus
MOTORIK	• kann mit Knete oder Salzteig eine Rolle oder kleine Figuren formen • kann Zickzacklinien mit der Schere schneiden • kann einen Ast mit Wolle umwickeln • kann kleine Schnipsel mit Besen und Schaufel aufkehren	• benutzt zum Schreiben und Malen meistens die selbe Hand • macht Knöpfe selber auf und zu • kann Schrauben mit Schraubendreher ins Holz drehen • kann Eiswürfelformen ohne Überlaufen mit einer Pipette befüllen

FRÜHLING

PAPIERTELLER-TIERMASKEN

PAPIERTELLER • TONPAPIER • STROHHALM • WASSERFARBEN • KLEBER • SCHERE

Verkleiden macht den meisten Kindern großen Spaß. Die lustigen Papiertellermasken sind eine gute Idee, um gemeinsam mit deinem Kind am Faschingsdienstag kreativ zu werden und im Handumdrehen eine eigene Maske zu zaubern. Die Papierteller bekommst du im Supermarkt. Zum Verzieren eignet sich verschiedenes Bastelmaterial, das du bereits zu Hause hast.

1. Schneide deinen Papierteller in der Hälfte durch.

2. Male mithilfe einer kleinen Münzen zwei Augen auf eine Papiertellerhälfte und schneide diese dann aus, sodass zwei Löcher entstehen.

3. Bemale die Rückseite deines Tellers mit einer beliebigen Farbe und lass sie gut trocknen.

4. Die Ohren und den Mund schneidest du aus buntem Tonpapier aus und klebst sie auf den Tellerrand. Als Griff zum Halten habe ich einen Strohhalm auf der Rückseite mit einem Streifen Klebeband befestigt.

Ich wünsche dir und deinem Kind ein wunderschönes Faschingsfest!

2

3

4

TIPP:

Benutze zum Anmalen mit deinen Kindern lieber Fingerfarben. Wasserfarben sind oft zu nass und weichen den Papierteller auf.

LEBENSZYKLUS SCHMETTERLING

ALTER KARTON • KLOROLLE • FILZSTIFTE
KLEBER • SCHERE • PAPIER • CUTTER

„Mama, wie wird aus einem Ei ein Schmetterling?“ Besonders in den wärmeren Monaten entdecken unsere Kinder die bunten, schönen Schmetterlinge draußen in der Natur. Ich habe mir überlegt, wie du deinem Kindergartenkind den Lebenszyklus eines Schmetterlings am besten und einfachsten veranschaulichen kannst. Mithilfe der Klorollen kann dein Kind die Verwandlung von der Raupe zum Schmetterling viel besser verstehen, da es diesen Schritt aktiv nachahmen kann, indem es die Raupe durch die Rollen durchschiebt.

1. Schneide zuerst zwei gleich große Kreise aus einem alten Karton aus. Zeichne auf einem der beiden Kreise den Umriss einer Raupe und schneide diese danach mit einem Cutter aus.

2. Die ausgeschnittene kleine Raupe aus Karton kannst du nun beliebig bemalen oder bekleben. Klebe die beiden Kreise gut zusammen (der Raupenkreis sollte dabei oben sein). Es entsteht eine Art Puzzle und man kann die Raupe zum Spielen vorsichtig aus dem Karton herauslösen und anschließend wieder in den Karton zurückstecken.

3. Male ein Blatt, Schmetterlingsflügel und eine Puppe auf ein Papier, schneide die Teile aus und klebe sie ebenfalls auf den Kartonkreis.

4. Zerteile die Klorolle seitlich in zwei Hälften. Eine Hälfte ist die Puppe und die andere Hälfte ist der Körper des Schmetterlings. Klebe die beiden Klorollenhälften auf den Kartonkreis. Hier kann die Raupe dann „durchschlüpfen“ bzw. sich verpuppen und anschließend zum Schmetterling verwandeln.

5. Kennzeichne deine Tafel noch mit Pfeilen und schreibe die Bezeichnungen der einzelnen Entwicklungsstadien auf Kartonkärtchen. Die Kärtchen kannst du aus den Resten der Scheibe zurechtschneiden und dann auf dem Kreis mit Klebeband befestigen.

Ich hoffe der Lebenszyklus gefällt deinem Kind und dir!

Raupe schlüpft durch Puppe

SPRACHE

DENKEN

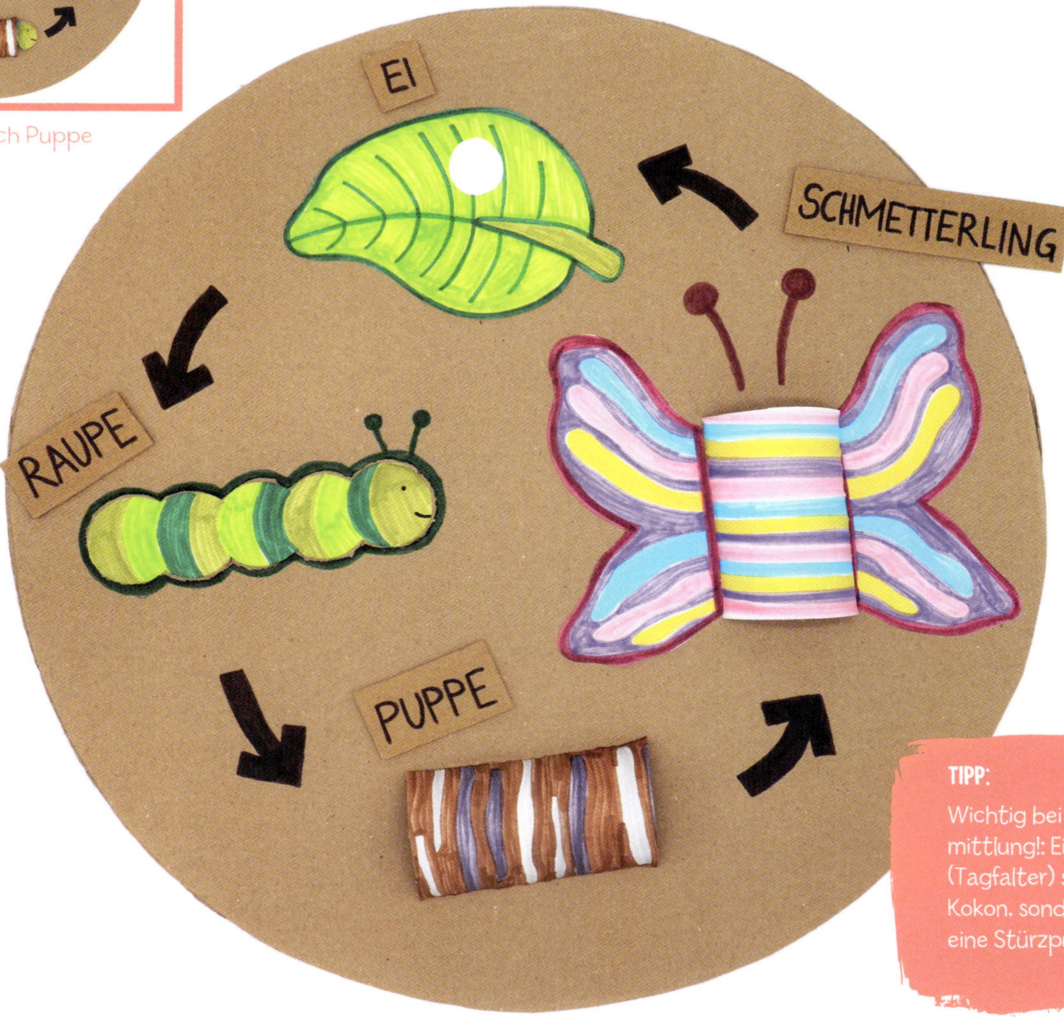

TIPP:

Wichtig bei der Wissensvermittlung!: Ein Schmetterling (Tagfalter) spinnt keinen Kokon, sondern macht sich eine Stürzpuppe.

1

2

3

4

BUNTE BLUMENWIESE

EIERKARTON • FINGERFARBEN • BUNTPAPIER
HOLZSTÄBCHEN • SCHERE • KLEBER • CUTTER

Eine Upcycling-Spielidee, bei der die Feinmotorik und die Augen-Hand-Koordination gefördert wird. Dabei lernt dein Kind auch, Farben zu erkennen und diese richtig zuzuordnen.

1 Den Eierkarton mit einem Cutter auf der Unterseite einschneiden. Der Schlitz sollte so lang sein, dass man ein Holzstäbchen hineinstecken kann.

2 Male den Eierkarton mit Filzstiften oder Fingerfarben bunt an.

3 Aus Buntpapier (es sollten dieselben Farben verwendet werden, die zum Anmalen benutzt wurden) schneidest du nun Blümchen aus.

4 Zum Schluss werden die Blumen noch mit einem kleinen Tropfen Kleber auf den Holzstäbchen befestigt. Jetzt kann das Spielen und Farben zuordnen auch schon losgehen.

1

2

3

4

TIPP:

Ich kaufe die großen Holzstäbchen (Mundspatel) immer in der Apotheke. Mit ihnen kann man super basteln und sie sind stabiler als die dünnen aus dem Bastelgeschäft.

DENKEN

SPIELEN

MOTORIK

KAROTTEN ZÄHLEN

SCHWAMM • ALTER KARTON • FINGERFARBE IN ORANGE • FILZSTIFT IN GRÜN, SCHWARZ UND ORANGE • SCHERE • WÄSCHEKLAMMERN

Für dieses Spiel zur mathematischen Frühförderung kannst du natürlich alle möglichen Motive verwenden oder auch einfach nur Sterne oder Punkte aufmalen. Dein Kind zählt die Symbole, sieht sich die unten geschriebenen Zahlen an und kann dann bestimmen, welche Zahl die richtige ist. Mit der Wäscheklammer wird diese markiert.

1. Schneide den Schwamm in die Form eines spitzen Dreieckes.

2. Das Schwammdreieck wird in die orangene Fingerfarbe getaucht und auf ein Stück Karton gestempelt. Alternativ kannst du die Karotte auch aufzeichnen. Mit Filzstift das Karottengrün hinzufügen.

3. Am unteren Rand der Karte drei Felder mit drei Zahlen eintragen. Eine davon muss der Menge an Karotten auf der Karte entsprechen.

4. Zum Schluss die Wäscheklammern vorne orange anmalen.

Viel Spaß beim Ausprobieren!

2

3

4

TIPP:

Auf die Rückseite der Karte an der Stelle der richtigen Zahl einen dicken Punkt malen. So kann dein Kind sich selbst kontrollieren.

FASCHINGS-GIRLANDE

BUNTPAPIER • POMPONS • SCHNUR
KLEBER • STIFT • SCHERE

Zu jedem Anlass wird bei uns zu Hause eine Girlande aufgehängt. Sie gehört zum Feiern einfach dazu. Girlanden sind eine tolle Deko und machen den Raum im Nu festlicher. Sie sind vor allem superschnell gemacht und können ganz individuell je nach Fest und Thema gestaltet werden. Ich finde, unsere Partyhut-Girlande passt perfekt zum Fasching.

1. Male mithilfe einer kleinen Vorlage Halbkreise auf verschiedenes, buntes Papier. Du kannst auch gemustertes Papier verwenden, je bunter, desto besser.

2. Schneide die Halbkreise aus.

3. Klebe die Halbkreise so zusammen, dass kleine Partyhüte entstehen.

4. Optional kannst du die Partyhüte mit Seidenpapier, Glitzersteinchen oder Pompons verzieren. Anschließend stichst du in jeden Partyhut auf jeder Seite ein Loch und fädelst die Hüte auf eine lange Schnur. Nun musst du nur noch einen geeigneten Platz für deine Girlande finden.

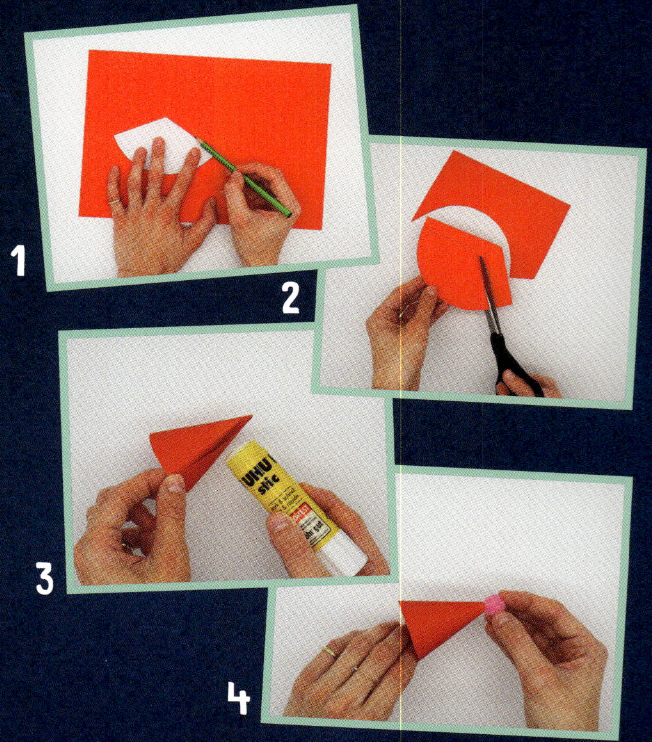

Viel Spaß beim Feiern!

MOTORIK

TIPP:

Verstaue die Girlande in einer Kiste, damit sie nicht kaputtgeht. So kann man sie für das nächste Fest noch einmal zum Dekorieren verwenden.

MALGESCHICHTE BLUME

PAPIER IN WEISS • BUNTSTIFTE ODER ÖLKREIDEN

Malgeschichten sind eine tolle Möglichkeit, um dein Kind sprachlich zu fördern und seine Grobomotorik zu trainieren. Außerdem machen sie total viel Spaß, da sie sich so lustig reimen. Durch das Reimen erweitert dein Kind seinen Wortschatz und trainiert seine Merkfähigkeit. Meine Malgeschichte zum Thema Blume ist auch schon für jüngere Kinder geeignet. Malgeschichten kannst du dir auch gemeinsam mit deinem Kind überlegen. Der Schwierigkeitsgrad einer Malgeschichte sollte dein Kind aber nicht überfordern, sonst kann es passieren, dass es entmutigt ist und die Freude an der Geschichte bzw. am Malen verliert.

So geht der Reim:

1. Wir malen einen Kreis ganz rund, am besten ist er auch noch bunt.

2. Ein paar Blütenblätter um den Kreis, wie viele sind es denn, wer weiß?

3. Darunter einen Stängel grün, so kann sie auch schön blüh'n.

4. Zum Schluss noch links und rechts ein Blatt, damit man nichts vergessen hat.

Viel Spaß beim Malen!

1 2 3 4

TIPP:

Bei jüngeren Kindern empfehle ich, Kreide-Steine zum Malen zu verwenden. Diese liegen gut in der Kinderhand.

VALENTINSTAG-KNETSEIFE

50 ML DUSCHGEL ODER HANDSEIFE • 100 G SPEISESTÄRKE
2 EL SPEISEÖL ODER HANDCREME • EINE PRISE SALZ (FÜR DIE HALTBARKEIT)

Das Händewaschen mit der selbst gemachten Knetseife wird deinem Kind großen Spaß machen. Die faszinierende Konsistenz der Knetseife bringt etwas Abwechslung ins Händewaschen und fördert die taktile Wahrnehmung deines Kindes. Ohne großen Aufwand könnt ihr diese Knetseife gemeinsam zu Hause herstellen.

1. Vermische die Speisestärke mit dem Duschgel in einer mittelgroßen Schüssel und gib 2 EL Öl oder Handcreme dazu.

2. Verknete die beiden Zutaten gut miteinander, sodass eine feste Masse entsteht.

3. Teile die Masse in drei gleichgroße Teile und färbe sie mit Lebensmittelfarbe ein.

4. Nun kannst du die Knetseife ausrollen und mithilfe von Keksausstechern verschiedene Formen aus der Knetseife ausstechen.

Viel Freude beim Händewaschen!

1

3

4

TIPP:

Die Seife eignet sich super als Mitbringsel und kleines Geschenk. Wickel die Knetseife in Backpapier und verschenke sie an Familie und Freunde.

KLOROLLEN-HASEN

KLOROLLE • PAPIER • FINGERFARBEN
EVTL. WACKELAUGEN • FILZSTIFT

Unsere leeren Klorollen werden nie weggeschmissen. Wir heben sie immer auf, denn damit kann man so viele tolle Sachen basteln. Am besten aber lässt sich damit alles Mögliche stempeln. Dazu muss man die Rollen nur ein bisschen verbiegen, falten und zusammenkleben. Die Hasen-Stempel eignen sich perfekt, falls du auf der Suche nach einer schnellen Bastelidee für Ostern bist. Mit den selbst gemachten Stempeln kannst du gemeinsam mit deinem Kind Geschenkpapier oder Geschirrtücher bedrucken, Osterhasenkarten basteln oder Osteranhänger gestalten.

1. Schneide eine Klorolle in drei gleich große Teile.

2. Klebe die drei Röllchen in Form von einem Osterhasen zusammen und warte bis der Kleber gut getrocknet ist.

3. Tauche den selbst gemachten Osterhasen-Stempel in weiße Fingerfarbe und stempel damit auf eine Karte, einen Karton oder ein Stück Papier.

4. Wenn die Osterhasen getrocknet sind, kann man ihnen noch Augen, Tasthaare und Ohren dazumalen.

Viel Spaß beim Stempeln!

WICHTIG:

Achte beim Zusammenkleben der Röllchen darauf, dass alle drei Rollen gerade auf dem Papier aufliegen. Wenn die Rollen schief geklebt werden, gelingt das Stempeln nicht.

WASSERBLUMEN

BUNTSTIFTE ODER ÖLKREIDEN • PAPIER • SCHERE
SCHÜSSEL MIT WASSER

Die superschnellen Wasserblumen sind eine coole Bastelidee für schöne Frühlingstage. Du kannst die Blumen zwischendurch gemeinsam mit deinem Kind ohne viel Aufwand basteln. Sobald man die zusammengefalteten Blumen aufs Wasser legt, kann dein Kind beobachten, wie sie sich langsam entfalten. Die Papierblumen saugen sich mit Wasser voll und öffnen ihre Blütenblätter. Die Augen deines Kindes werden leuchten, denn das zauberhafte Aufklappen der Blumen ist meistens total faszinierend.

1. Male eine Blume auf ein Blatt Papier und male sie beliebig an. Wir nutzen am liebsten Buntstifte oder Ölkreiden.

2. Schneide die Blume aus.

3. Falte die einzelnen Blütenblätter nun nach innen zur Mitte. Lege die gefaltete Blume vorsichtig ins Wasser und sieh dabei zu, wie sie sich langsam öffnet.

Viel Spaß beim Beobachten!

1

2

3A

3B

DENKEN

SINNE

TIPP:

Die nassen Blumen kannst du vorsichtig aus dem Wasser nehmen und zum Trocknen legen. Wenn sie getrocknet sind, kann man sie wiederverwenden.

BÜRSTEN-KÜKEN

**WEISSES TONPAPIER • GELBE FINGERFARBE • ORANGES + GELBES PAPIER
EINE ALTE ABWASCHBÜRSTE • WACKELAUGEN • STIFTE**

Hast du schon einmal versucht, mit einer Spülbürste zu stempeln? Es macht besonders jüngeren Kindern großen Spaß, da das selbstständige Stempeln mit der Bürste schon gut gelingt. Die neue Stempel-Technik bringt übrigens ein bisschen Abwechslung in das Basteln. Wackelaugen dürfen bei dieser Bastelei nicht fehlen, die mögen Kinder meistens ganz besonders gerne.

1. Tauche die Spülbürste in gelbe Fingerfarbe und stempele damit auf ein weißes Tonpapier.

2. Warte bis die Fingerfarbe getrocknet ist und zeichne die Füßchen des Kükens dazu.

3. Schneide einen kleinen Schnabel aus dem orangenen Papier aus und klebe ihn auf das Küken.

4. Schneide zwei kleine Flügel, für jede Seite einen, aus dem gelben Papier und befestige sie ebenfalls mit Kleber links und rechts auf dem Küken. Jetzt kannst du noch zwei Wackelaugen auf das Küken kleben.

Viel Spaß beim Basteln!

TIPP:

Falls du mal keine Wackelaugen zur Verfügung hast, kannst du diese ganz einfach aus einer leeren Tablettenpackung selber machen. Entferne dafür zuerst die silberne Folie von der Verpackung. Lege in jedes leere Tablettenfach einen kleinen schwarzen Kreis aus Papier und klebe die Verpackung mit einem weißen Blatt wieder zu. Nun kannst du die einzelnen Augen ausschneiden und zum Basteln verwenden.

STÄBCHEN-BIENE

HOLZSTÄBCHEN • FINGERFARBEN
PAPIER • SCHWARZER PFEIFFENPUTZER • WACKELAUGEN

Im Frühjahr legt die Bienenkönigin bis zu 1.500 Eier am Tag, das Bienenvolk sammelt Pollen zur Nahrungssicherung und die Bienen übernehmen die Bestäubung der Blüten. Deswegen passt diese Bastelarbeit perfekt in den Frühling.

1. Bemale die Holzstäbchen mit gelber und schwarzer Fingerfarbe. Lass die Stäbchen gut trocknen.

2. Klebe die bemalten Bastelstäbchen abwechselnd auf einen Kartonstreifen.

3. Klebe Wackelaugen auf das Bienengesicht und male einen Mund dazu. Forme zwei Fühler aus dem Pfeiffenputzer und klebe sie auf der Rückseite auf.

4. Schneide Flügel aus weißem (Seiden-)Papier aus und klebe sie auf die Biene.

Viel Freude beim Basteln!

1 2 3 4

MOTORIK

IDEE:

Aus den Holzstäbchen kannst du ganz einfach Bienenwaben basteln. Für eine Wabe brauchst du sechs Stäbchen, die du an den Enden zu einem Sechseck zusammenklebst.

SCHWAMM-SCHMETTERLING

SCHWÄMME • GUMMIRINGE • FINGERFARBEN
SCHWARZER FILZSTIFT • DICKES PAPIER

Nach den kalten Monaten freuen wir uns immer sehr auf den Frühling und dass es wieder wärmer wird. Bunte Schmetterlinge zu stempeln ist eine schöne Bastelei, um sich auf den Frühling einzustimmen. Wir lieben es, mit Schwämmen zu stempeln, man kann damit so herrlich kreativ werden.

1. Wickel einen Gummi um die Mitte des Schwammes, damit die Mitte schmaler wird.

2. Male den Schwamm nun mit Fingerfarben und einem beliebigen Muster an. Achte darauf, genügend Farbe auf den Schwamm aufzutragen.

3. Drücke den Schwamm auf das Papier und lass den Abdruck gut trocknen. Das sind die Flügel deines Schmetterlings. Den Schwamm kannst du auswaschen und beim nächsten Basteln wiederverwenden.

4. Male dem Schmetterlingen einen Körper und Fühler. Dazu eignet sich ein schwarzer Filzstift gut.

Viel Spaß beim Stempeln!

1

2

3

IDEE:

Du kannst die Schmetterlinge ausschneiden und auf eine kleine Wäscheklammer kleben. Dann kannst du sie mit der Klammer an den Vorhang ins Kinderzimmer hängen und hast eine schöne Dekoration.

SOMMER

SINNES-LANDSCHAFT

RASIERSCHAUM • BLAUE WASSERFARBE • SPIELSAND • MUSCHELN • KLEINE MEERES-SPIELTIERE • TIEFE FORM Z.B. AUFLAUFFORM

Meine Kinder lieben Sinneslandschaften und sind damit immer total lange und gut beschäftigt. Kinder spüren die unterschiedlichen Materialien auf ihrer Haut. Vielleicht können sie bestimmte Materialien sogar riechen oder schmecken und das Spielen mit allen Sinnen erleben. Sinneslandschaften kannst du zu allen möglichen Themen gestalten und anbieten. Mit dieser Sinneslandschaft aus Sand und Schaum holst du den Strand und das Meer nach Hause.

1. Leere etwas Spielsand in die eine Hälfte der Form. Wenn du keinen Spielsand zu Hause hast, kannst du alternativ auch feine Haferflocken oder Ähnliches dafür verwenden.

2. In die zweite Hälfte sprühst du den Rasierschaum. Hier könnte man aber auch Sahne oder Kichererbsenwasser (Aquafaba) aufschlagen und verwenden.

3. Vermische blaue Wassermalfarbe mit Wasserfarbe, sodass eine dunkelblaue Flüssigkeit entsteht. Nun gib ein paar Tropfen davon zu dem Rasierschaum. Wenn du möchtest, kannst du beides so lange mit einem Löffel verrühren, bis es nach „Meer" aussieht.

4. Zum Schluss kannst du Muscheln auf dem Sand verteilen und ein paar Meeres-Spieltiere in den Schaum legen. Mit Löffeln und Kellen kann dein Kind herrlich im Sand graben.

Viel Spaß beim Graben am Meer!

1 2

TIPP:

Plane für diese Aktivität mehr Zeit ein und biete sie nur an, wenn ihr nicht im Stress seid oder es eilig habt. Die Vorbereitung geht zwar ruckzuck, aber zum gemeinsamen Aufräumen braucht man dann doch ein bisschen mehr Zeit, da bei Sinneslandschaften meistens etwas danebengeht.

ESSBARE EISMALER

LEBENSMITTELFARBE • HOLZSTÄBCHEN
EISWÜRFELFORM • WASSER • SCHERE

Eismalen ist eine lustige und vor allem abwechslungsreiche Aktivität für heiße Sommertage. Es macht den meisten Kindern großen Spaß, mit den bunten Eiswürfeln auf Papier zu malen. Gleichzeitig ist es auch noch eine schöne Abkühlung. Die Kinder können sich sogar am Körper damit bemalen, am besten im Garten oder in der Badewanne. Da die Eisstifte ungiftig und essbar sind, können sogar schon die Kleinsten damit kreativ werden. Probier es unbedingt mal aus und sei gespannt, was für tolle und einzigartige Kunstwerke mit den Eismalern entstehen.

1. Fülle die Mulden der Eiswürfelform mit ein wenig Wasser. Das geht auch gut mit einer kleinen Pipette und wäre eine tolle Feinmotorikübung für dein Kind.

2. Gib nun ein paar Tropfen Lebensmittelfarbe hinzu. In jede Mulde eine andere Farbe, damit du am Ende viele unterschiedlich farbige Eismaler hast. Vorsicht: Lebensmittelfarbe kann die Hände deines Kindes färben. Achte darauf, nicht zu viel Farbe ins Wasser zu mischen, sie gut zu verdünnen und nur hochwertige Farben zu benutzen.

3. Fingerfarbe und Wasser gut vermischen. Die Holzstäbchen mit einer Schere halbieren und jeweils eine Hälfte in eine Mulde der Eiswürfelform geben.

4. Die ganze Eiswürfelform samt Holzstäbchen für ein paar Stunden in das Gefrierfach stellen. Die Eiswürfelform nach dem Einfrieren kurz antauen lassen. Und schon kann das Malen losgehen. Das Stäbchen ist der Griff, an dem dein Kind die bunten Eismaler halten kann.

Viel Spaß beim Nachmachen!

1

2
3

4

TIPP:

Mit den Eismalern lassen sich sehr gut Farben mischen. So kannst du deinem Kind die Farbenlehre näherbringen. Dein Kind kann gut beobachten, was passiert, wenn man zwei Farben miteinander vermischt und welche neue Farbe daraus entsteht.

FISCHE FISCHEN

PFEIFFENPUTZER • HOLZSTÄBCHEN ODER GABEL • TRANSPARENTER BEHÄLTER
WASSER • WEISSES PAPIER • FILZSTIFTE

Ein Spiel, das du deinem Kind in weniger als 5 Minuten selber machen kannst. Dieses Spiel fördert die Konzentration und die Augen-Hand-Koordination wird trainiert. Zum Fischen kannst du deinem Kind ein Holzstäbchen, eine Gabel oder einen Trinkhalm anbieten. Jüngere Kinder können aber auch einfach mit ihren Fingern die Fische herausfischen. Das klappt oft besser und erfordert nicht zu viel feinmotorische Geschicklichkeit.

1. Forme aus dem Pfeiffenputzer kleine Fische. Verbiege den Draht dafür zu einer Schlaufe und verdrehe die beiden Enden miteinander.

2. Male mit Filzstiften auf das weiße Papier ein Aquarium.

3. Den Behälter auf das Papier bzw. auf das gezeichnete Aquarium stellen und ihn mit Wasser befüllen.

4. Lege die geformten Fische nun ins Wasser und schon kann das Fischen losgehen. Nach dem Spielen können die Fische problemlos getrocknet werden.

Viel Spaß beim Fischen!

1

2

4

TIPP:

Man kann das Fisch-Spiel auch super zu zweit spielen und gemeinsam versuchen, so schnell wie möglich alle Fische aus dem Aquarium zu angeln. Danach kannst du zusammen mit dem Kind die Fische zählen oder die verschiedenen Farben benennen.

LUFTPOLSTERFOLIEN-QUALLEN

**LUFTPOLSTERFOLIE • BUNTPAPIER • WOLLRESTE • WACKELAUGEN
FINGERFARBE • SCHERE • KLEBER**

Luftpolsterfolie hat etwas total anziehendes für Kinder. Die Folie weckt das Interesse der Kinder, da sie so ein schönes Geräusch macht, wenn man die kleinen Luftpolster zusammendrückt. Mit der Folie kann man super stempeln. Bemalt man die Folie und drückt sie anschließend auf ein Papier, entsteht ein tolles Muster.

1. Schneide einen Halbkreis aus der Folie aus. Wenn du mehrere Quallen basteln möchtest, kannst du auch verschieden große Halbkreise schneiden, dann hat jede Qualle eine andere Größe.

2. Male den Luftpolsterfolien-Halbkreis mit Fingerfarbe an und drückt ihn auf ein weißes Papier.

3. Lass den gedruckten Halbkreis gut trocknen. Wenn er getrocknet ist, schneide ihn aus und klebe ihn auf einen Buntpapier-Halbkreis.

4. Schneide ein paar gleichlange Fäden aus Wollresten. Diese kannst du mithilfe von Klebeband auf die Rückseite des Halbkreises befestigen. Zum Schluss noch ein paar Wackelaugen an der Qualle aufkleben.

Viel Spaß mit deiner Unterwasserwelt!

2

4

TIPP:

Klebe die Luftpolsterfolie zusätzlich noch auf ein Stück Karton, . Auf der anderen Seite kannst du einen Drehverschluss einer Flasche als Griff befestigen. So entsteht ein richtig stabiler Stempel, mit dem sich noch besser stempeln lässt.So gelingt das Stempeln noch besser.

FARBENSUCHE IN DER NATUR

EIN STÜCK KARTON • WÄSCHEKLAMMERN • WASSERFARBEN
SCHWARZER FILZSTIFT • PINSEL • KLEBER

Den bunten Karton kannst du bei eurem nächsten Spaziergang in den Rucksack einpacken. Der Karton ist leicht und verbraucht nicht viel Platz und ist eine schöne Beschäftigungsidee mitten in der Natur. Die gefundenen Blumen und Sträucher kann man ganz einfach mit der Wäscheklammer am Brett befestigen. so halten sie gut auf dem Karton und gehen nicht verloren.

1. Beschrifte ein Stück alten Karton mit dem Wort „Farbensuche".

2. Male die Wäscheklammern in verschiedenen Farben mit Wasserfarben an und lass sie gut trocknen. Ich habe mich für die Farben gelb, orange, rot, lila, grüne und braun entschieden.

3. Nun male dieselben Farben auch auf deinen Karton.

4. Klebe die getrockneten Klammern mit einem starken Kleber auf die bunten Kästchen auf deinem Karton.

Viel Spaß beim Farben suchen!

2

3

4

TIPP:

Zu Hause haben wir alle Blumen benannt und ihre Merkmale genau besprochen. Wir haben uns erinnert, wo wir sie gefunden haben und die Blumen zum Trocknen in ein dickes Buch gelegt. Mit den getrockneten Blüten und Blätter lassen sich weitere schöne Bastelein umsetzen. Erkläre deinem Kind auch, dass es wenn möglich Blumen und Pflanzen sammeln sollte, die bereits schon auf dem Boden liegen und nicht gerade noch blühen.

SPRACHE

DENKEN

SINNE

QUETSCHIE-EISKUGELN

SCHUHKARTONDECKEL • QUETSCHIE-STÖPSEL • KLOROLLE BUNTPAPIER • SCHERE

Ich zeige dir, wie du aus einer alten Klopapierrolle und ein paar Quetschie-Deckeln ein sommerliches Spiel basteln kannst. Ist es nicht genial, dass man aus Dingen, die man sowieso weggeschmissen hätte, ein Lernspiel für Kinder gestalten kann? Dieses Spiel fördert die Augen-Hand-Koordination deines Kindes, indem es die verschiedenen Farben richtig zuordnet. Außerdem werden die sprachlichen und kognitiven Fähigkeiten des Kindes durch das Farben erkennen und benennen unterstützt. Um das Spiel ein bisschen schwieriger zu gestalten, kann man statt drei Eiskugeln sechs verschiedene Kugeln nach Farben ordnen. Dazu einfach drei weitere Klorollenringe in den Schuhkartondeckel kleben.

1. Schneide eine Klorolle in drei gleichgroße Teile.

2. Klebe die drei Röllchen in einem Dreieck in einen alten Schuhkarton-Deckel oder auf ein Stück Karton.

3. Schneide ein Dreieck aus einem braunen Buntpapier und male ein Gitter darauf, damit es wie eine Eistüten aussieht. Die Eistüte klebst du unter die Kloröllchen.

4. Zum Schluss bastelst du dir noch ein paar Vorlagen, die dein Kind dann nachlegen kann. Statt sie zu basteln, kannst du sie auch einfach mit Buntstiften malen.

Probier es gerne mal mit deinem Kind aus!

2

3

4

DENKEN

MOTORIK

SPIELIDEE:

Das Kind sucht sich eine Vorlage aus und prägt sich die Farben und Felder der Eiskugeln gut ein. Die Vorlage wird umgedreht und das Kind versucht die richtigen Eiskugeln aus dem Gedächtnis, ohne Vorlage, in die Klorollen zu legen. Das trainiert die Merkfähigkeit deines Kindes. Als kleine Selbstkontrolle kann das Kind die Vorlage wieder umdrehen und überprüfen ob sich alle Eiskugeln auf dem richtigen Platz befinden.

WASSERMELONEN GESCHENKPAPIER

**FINGERFARBEN • SCHWAMM • SCHERE • PINSEL
FILZSTIFT • (EIN)PACKPAPIER**

Ich mache Geschenkpapier mit meinen Kindern sehr gerne selber. Es geht ganz flott und sieht auch toll aus. Außerdem finde ich es persönlicher, wenn man die Geschenke seiner Liebsten in dem eigenen, gestalteten Papier verpackt.

1. Schneide verschieden große Dreiecke aus einem Küchenschwamm.

2. Male das Schwammdreieck mit Fingerfarbe in den Farben einer Wassermelone, rosa und grün, an.

3. Stempel das Melonen-Dreieck nun auf dein Packpapier. Wiederhole das Ganze ein paar Mal. Du kannst auch verschiedene Rosa- und Grüntöne verwenden, so sieht es finde ich, noch netter aus.

4. Wenn die Melonen getrocknet sind, kannst du die Kerne mit einem schwarzen Filzstift auf die Melone malen.

Viel Spaß beim Einpacken!

1 2 3

IDEE:

Schon die Kleinsten können Geschenkpapier mit ihren Finger- oder Handabdrücken gestalten. Die Hände in die Farbe tauchen macht den Kindern meistens auch noch großen Spaß.

DIY-KNETE

**400 G MEHL • 450 ML KOCHENDES WASSER • 200 G SALZ
2 EL ZITRONENSÄURE (FÜR DIE HALTBARKEIT) • 3 EL SPEISEÖL • LEBENSMITTELFARBE**

Knete machen wir am liebsten selber. Das Tolle daran ist, dass sie schnell gemachtist und du nur ganz wenige Zutaten brauchst, die du wahrscheinlich sowieso schon zu Hause hast. Außerdem ist die Knete ungiftig. Das heißt, du musst dir keine Sorgen machen, wenn dein Kind die Finger während des Spielens in den Mund steckt, es kann nichts passieren. Der große Vorteil: Schon die Kleinsten können mit dem Plastilin experimentieren und kneten.

1. Alle Zutaten kannst du gemeinsam mit deinem Kind benennen, vorbereiten und abwiegen. So lernt dein Kind, Mengen zu erfassen.

2. Die Zutaten alle in einer großen Schüssel zusammen mischen und mit einem Kochlöffel verrühren. Achtung: Heißes Wasser = Verbrühungsgefahr!

3. Die Masse noch einmal gut mit den Händen durchkneten. Wenn die Knete noch zu sehr an den Händen kleben bleibt, füge etwas Mehl hinzu. Wenn die Masse zu trocken ist, kannst du ein paar Tropfen Wasser dazu geben.

4. Wenn du möchtest, kannst du jetzt noch ein paar Tropfen Lebensmittelfarbe dazugeben. Oder auch gerne noch ein paar Tropfen Ätherisches Öl, damit die Knete gut duftet.

5. Um die Lebensmittelfarbe mit der Knete zu vermischen, verwende ich Einweghandschuhe, da die pure Lebensmittelfarbe die Hände sehr stark färben kann. Wenn die Lebensmittelfarbe mit der Knete vermischt wurde, färbt diese nicht mehr ab.

Viel Spaß beim Kneten!

3

2

4

5

SINNE

SPIELEN

MOTORIK

GUT ZU WISSEN:

Die Knete heben wir in alten Marmeladegläsern auf. Gut verschlossen und gekühlt lagernd hält sie bei uns mindestens 2 Wochen und die Kinder haben lange eine Freude damit. Ich persönlich mag das selbst gemachte Plastilin sehr gern, da die Konsistenz einfach so genial ist und ich bestens über die Inhaltsstoffe in der Knete Bescheid weiß.

STÖPSEL-HÄNDE

PAPIER • BLEISTIFT • FILZSTIFT SCHWARZ • 5 BUNTE FILZSTIFTFARBEN
QUETSCHIE-STÖPSEL IN GLEICHER FARBE WIE FILZSTIFTE • SCHERE

Dieses selbst gemachte Spiel nehmen meine Kinder sehr gerne mit ins Auto oder ins Restaurant. Das Spiel verbraucht kaum Platz, du kannst es super in einer alten Brotbox verstauen und so überall hin mitnehmen. Man kann es auch gut zu zweit spielen indem man sich die bunten Quetschie-Stöpsel gegenseitig nach Vorlage auf die Hände steckt.

1. Zeichne die Hand deines Kind mit Bleistift auf ein Papier.

2. Male die Hand mit einem dicken, schwarzen Filzstift nach.

3. Suche dir nun fünf verschiedene Filzstiftfarben aus, mit denen du die Fingerspitzen der gezeichneten Hand anmalst. Deine gesammelten Quetschie-Stöpsel sollten die selben Farben haben.

4. Schneide die fertige Hand aus. Damit die Vorlage etwas stabiler ist, könntest du sie laminieren oder auf einen festen Karton kleben.

Viel Spaß beim Spielen!

VARIANTE:

Falls die Fingerspitzen deines Kindes schon zu groß oder dick für die Quetschie-Stöpsel sind und ihm das Aufstecken unangenehm ist, kannst du statt der Stöpsel einfach bunte, kleine Haargummiringe verwenden. Die gibt es meistens ganz günstig im Drogeriemarkt zu kaufen.

CD-SCHILDKRÖTE

SEIDENPAPIER • ALTE CD • BUNTPAPIER
SCHERE • KLEBER

Diese Bastelei ist für alle, die noch ein paar alte CDs zu Hause haben, die vielleicht schon zerkratzt sind oder einfach nicht mehr gehört werden. Das Zusammenknüllen des Seidenpapiers erfordert viel Geduld und feinmotorisches Geschick. Hierbei wird die gesamte Fingermuskulatur benötigt und somit auch trainiert. Wenn das Zusammenknüllen nicht auf Anhieb klappt, kannst du dein Kind ermutigen und ihm noch einmal ganz genau und langsam zeigen, wie es funktioniert.

1. Schneide oder reiße das bunte Seidenpapier in Stücke und forme es zu kleinen Kügelchen.

2. Bestreiche die alte CD auf der glänzenden Seite mit einem Klebestift. Trage ruhig ein bisschen mehr Kleber auf.

3. Befestige die Papier-Kügelchen nun auf der Kleberschicht.

4. Schneide aus dem grünen Buntpapier die Beine und den Kopf der Schildkröte aus und befestige sie mit Kleber auf der Rückseite der CD. Zum Schluss nur noch die Augen aufkleben.

Viel Spaß beim Basteln!

1

3

4

VARIANTE:

Statt den Kügelchen aus Krepppapier kann man auch alte Knöpfe auf die CD kleben. Das sieht auch schön aus.

HAARE SCHNEIDEN

KLOPAPIERROLLEN • BUNTES PAPIER • KLEBER
SCHERE • STIFT

Bei dieser witzigen Aktivität können auch schon kleine Kinder den Umgang mit der Schere üben. Das Kindergartenalter ist perfekt um mit Schneideübungen zu beginnen. Sie sind eine gute Vorbereitung für das Schreibenlernen in der Schule und fördert außerdem die Feinmotorik sowie auch die Augen-Hand-Koordination der Kinder.

1. Die Klorollen in verschiedenen Höhen abschneiden, sodass jede Rolle eine andere Größe hat.

2. Das bunte Papier mit einem Klebestift auf den Klorollen befestigen.

3. Nun kannst du den Klorollen noch lustige Gesichter malen.

4. Zum Schluss wird das bunte Papier oben eingeschnitten damit die Haare entstehen. Für die Locken drehst du einzelne Papierstreifen mit einem Stift ein. Und jetzt sind die Klorollen bereit für einen neuen Haarschnitt.

Viel Spaß beim Frisör!

2

3

4

SPRACHE

SPIELEN

MOTORIK

GUT ZU WISSEN:

Zeig deinen Kindern immer wieder, wie man die Schere beim Schneiden richtig in der Hand hält und auch, wie man sie trägt um sich nicht zu verletzen. Kinder sollten immer mit kleinen Scheren schneiden, die gut in ihre Hände passen, so gelingt das schneiden noch besser.

FARBENSONNE

WÄSCHEKLAMMERN • ALTER KARTON (GRÖSSE MINDESTENS A4)
WASSERFARBEN • PINSEL • SCHERE

Ein schnelles und sommerliches Spiel, bei dem dein Kind die Farben kennenlernt und anschließend richtig zuordnen kann. Durch das Auf- und Zumachen der Wäscheklammern wird die Fingermuskulatur deines Kindes trainiert.

1. Schneide zuerst einen Kreis aus einem alten Karton aus. Ich verwende hier immer eine Schüssel, um mir den Kreis vorzuzeichnen.

2. Unterteile den Kreis mithilfe eines Geodreiecks© in vier, sechs oder acht gleichgeordnete Teile. Markiere dir diese mit einem Bleistift.

3. Der ausgeschnittene Kreis kann jetzt mit bunten Farben angemalt werden. Für jüngere Kinder würde ich nur drei bis vier Farben verwenden.

4. Während der Kreis trocknet, die Wäscheklammern in den selben Farben, die für den Kreis verwendet wurden, bemalen.

Viel Spaß beim Nachmachen!

1 3

2 4

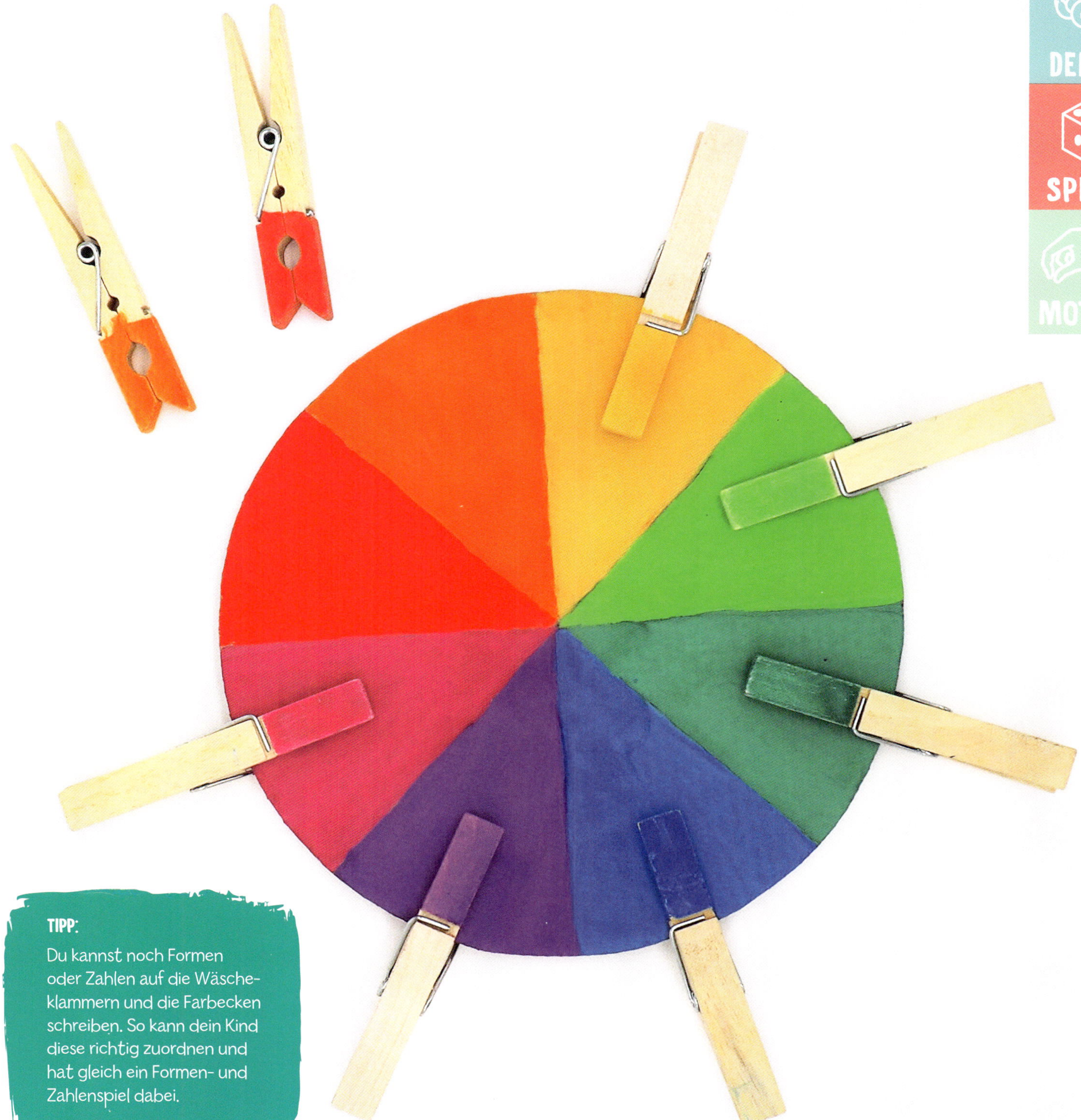

TIPP:

Du kannst noch Formen oder Zahlen auf die Wäscheklammern und die Farbecken schreiben. So kann dein Kind diese richtig zuordnen und hat gleich ein Formen- und Zahlenspiel dabei.

HERBST

BLÄTTER-IGEL

HERBSTBLÄTTER • KLEBER • SCHERE • BUNTPAPIER • STIFT

Bei jedem Spaziergang, Ausflug und Spielplatzbesuch im Herbst werden die bunten Blätter mit großer Freude von den Kindern gesammelt. Die Herbstigel aus Laubblättern sind eine nette Idee um die Herbstblätter nach dem Sammeln zu verarbeiten und das Kinderzimmer gemeinsam herbstlich zu dekorieren.

2

3

4

1. Male den Umriss eines Igels auf ein braunes Buntpapier. Das können die Kinder mithilfe einer selbst gemachten Schablone aus Karton machen oder natürlich auch freihändig.

2. Schneide den Igel vorsichtig aus.

3. Klebe nun die Blätter auf den Igel, die Blätter sollen die Stacheln des Igels darstellen. Währenddessen kann man die verschiedenen Formen und Farben der Blätter mit den Kindern besprechen.

4. Zum Schluss kannst du dem Igel noch mit schwarzen Filzstift ein Gesicht malen.

Ich wünsche euch viel Spaß beim Nachbasteln!

TIPP:

Lasst die Blätter nach dem Sammeln gut und lange trocknen z. B. zwischen den Seiten eines dicken Buches, ansonsten beginnen sie sich einzurollen und abzubröseln.

KASTANIEN FARBENSPIEL

KASTANIEN • FINGERFARBEN • ACRYLFARBEN • EIERKARTON • SCHERE

Mit Kastanien kann man nicht nur herzige Tiere basteln, man kann auch vielseitig mit ihnen spielen und lernen. Die Kastanien rollen zu lassen oder sie mit einem Schöpfer von einem Gefäß ins andere zu löffeln, ist bei meinen Kindern sehr beliebt. Ich möchte euch aber unbedingt noch dieses selbst gemachte Farbenspiel zeigen, bei dem die Kinder zuerst die verschiedenen Farben benennen, danach die Farben erkennen und richtig zuordnen können.

1. Schneide den Deckel des Eierkartons ab.

2. Wähle verschiedene Fingerfarben aus und male die Mulden des Eierkartons damit an.

3. Verwende nun dieselben Farben, um den kleinen, hellen Fleck auf den Kastanien anzumalen. Das gelingt am besten mit Acrylfarben, da diese gut auf den Kastanien halten und nicht absplittern. Nachdem alles gut getrocknet ist, kann das Spielen und Sortieren schon beginnen.

Viel Spaß beim Nachmachen!

GUT ZU WISSEN:

Die Eierkartons kannst du ganz einfach im Backofen desinfizieren. Dazu stellst du die Kartons bei ca. 100 Grad für 10 Minuten in den Ofen, so werden die Keime darauf abgetötet.

NATUR-SCHATZSUCHE

EIERKARTON • STIFTE • PAPIER • SCHERE UND KLEBER

Die Naturschatzkiste dürft ihr bei eurem nächsten Spaziergang nicht vergessen. Beim Spazierengehen kann dein Kind die verschiedensten Naturmaterialien suchen und in der DIY-Schatzkiste aufbewahren. Zu Hause kann man die gefunden Schätze ganz in Ruhe gemeinsam betrachten und besprechen. Hierbei wird der Wortschatz deines Kindes erweitert und es wird in seiner sprachlichen Entwicklung unterstützt. Man kann die Materialien nach dem Benennen auf einen Jahreszeitentisch oder Teller auflegen, so hat dein Kind auch noch länger etwas von seinen Schätzen.

1. Schneide ein kleines Rechteck aus einem Papier aus. Das Rechteck sollte so groß sein, dass es in den Deckel eines Eierkartons hineinpasst.

2. Zeichne verschiedene Naturmaterialien auf das Papier.

3. Klebe das Papier in die Innenseite des Eierkartondeckels. Mithilfe dieses Naturmaterialien-Plan wissen die Kinde genau was sie draußen beim Spazierengehen suchen können. Du könntest die Außenseite des Kartons auch noch dekorieren und beschriften.

4. Finde die Materialien in der Natur und lege sie auf den richtigen Platz in den Eierkarton bzw. eurer Naturschatzkiste.

TIPP:

Auch zusammen macht die Schatzsuche großen Spaß, noch dazu fördert es die Teamfähigkeit und soziale Kompetenz, wenn sich die Kinder gemeinsam auf die Suche nach den Naturmaterialien machen. Sollte eine Sache nicht gefunden werden, ist das nicht weiter schlimm, dann lässt man das Fach einfach frei oder sucht stattdessen etwas anderes.

KASTANIEN-NETZ

ZAHNSTOCHER • WOLLE/WOLLRESTE • KASTANIEN • SCHERE

Aus gesammelten Kastanien lassen sich tolle Schütt- oder Sinnesspiele für Kinder gestalten. Ich finde aber, das bunte Wollnetz setzt die gesammelten Kastanien besonders schön in Szene. Man kann die Kastaniennetze als Tischdekoration oder Kreisel zum Spielen verwenden. Oder ihr bastelt eine Girlande daraus oder hängt die einzelnen Kastaniennetze auf einen Ast so wie ein Mobile.

1. Stecke beliebig viele Zahnstocher in einem Kreis seitlich in die Kastanie, so das ein Stern entsteht. Ich empfehle ca. 6 Zahnstocher hinein zustecken, die Zahnstocher können ruhig unregelmäßige Abstände haben, das gibt später ein schönes, lebendiges Netz.

2. Suche dir einen Zahnstocher aus bei dem du zu wickeln beginnst und mache mit der 1. Wollfarbe einen Knoten um den Zahnstocher. Vielleicht hast du noch Wollreste übrig, die du für diese Bastelarbeit verwenden kannst.

3. Das Wickeln geht los. Der Faden wird gegen den Uhrzeigersinn von innen nach außen gewickelt und dabei auch um jeden einzelnen Zahnstocher einmal herumgewickelt.

4. Um die Farbe zu wechseln, schneidet ihr den Wollfaden nachdem ihr gewickelt habt ab und verknotet ihn mit der neuen Farbe. Ihr wickelt genauso weiter wie davor und arbeitet den Knoten ein, sodass man ihn am Ende nicht mehr sieht. Zum Schluss verknotet ihr alle Fäden auf der Rückseite damit das Netz nicht aufgeht und gut zusammenhält. Man kann die Netze aber natürlich auch einfarbig gestalten.

Viel Spaß beim Weben!

1

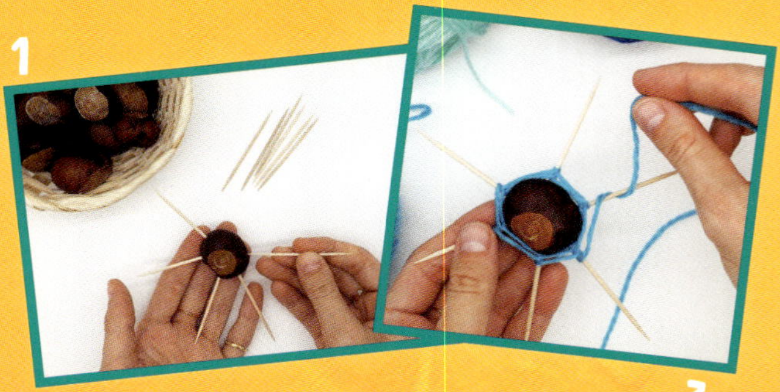

3

GUT ZU WISSEN:

Bei kleinen Kindern würde ich die Zahnstocher abschneiden, kleine Äste oder stumpfe Bastelstäbchen verwenden, da die Zahnstocher recht spitz sind und sich die Kinder beim Wickeln verletzen könnten.

TIPP:

Die Zahnstocher sollten fest in die Kastanie gesteckt werden, damit das Umwickeln gut gelingt. Am besten du bohrst mit einem Kastanienbohrer oder einem kleinen Schraubenzieher zuerst Löcher in die Kastanie und steckst anschließend die Zahnstocher gut in die vorgebohrten Löcher.

ASTGABELRASSEL

KRONKORKEN • ASTGABEL • SCHNUR • OPTIONAL FINGERFARBEN • NAGEL HAMMER • PINSEL • SCHERE

Kinder lieben es alle möglichen Stöcke und Äste in der Natur zu sammeln. Um aus einer Astgabel ein Instrument zu zaubern, brauchst du gar nicht viel! Die Astgabelrassel ist ziemlich robust und kann lange zum Spielen und Musizieren verwendet werden. Versuche gerne mal einen Rhythmus vor zu rasseln und dein Kind kann probieren ihn genauso nach zu rasseln, so bekommt dein Kind ganz automatisch ein Rhythmusgefühl. Gemeinsames Musizieren und Singen stärkt die sozial Kompetenz deines Kindes und es lernt dem Gegenüber aktiv zu zuhören.

1. Nimm zuerst den Hammer und den Nagel und schlage in die Mitte der Kronkorken ein kleines Loch.

2. Nun kannst du die Kronkorken in verschiedenen Farben anmalen. Ich verwende dazu gerne Fingerfarben oder Acrylfarben.

3. Fädele die bunten Kronkorken auf eine Schnur.

4. Binde die Schnur mit den Kronkorken auf die Astgabel. Achte darauf, dass die Schnur zwischen den beiden Ästen straff gespannt ist.

1

2

3

4

TIPP:

Schneide die Astgabel zurecht, sodass keine spitzen Äste mehr wegstehen, damit sich niemand beim Rasseln verletzt.

FALTE-FUCHS

ORANGENES PAPIER • POMPONS • SCHERE • KLEBER (HEISSKLEBER) • WACKELAUGEN

Der Falte-Fuchs ist eine gute Bastelidee um Kinder mit dem Papierfalten vertraut zu machen. Beim Falten des Papiers lernen Kinder genau und sorgfältig zu arbeiten. Falten unterstützt zudem die Konzentration und die dreidimensionale, räumliche Wahrnehmung deiner Kinder.

1 Schneide ein Rechteck aus dem orangenen Papier. Falte nun den oberen Rand des Papiers für 2 cm nach unten, dreht das Papier um und wiederhole den Faltschritt solange, bis du ganz unten am Papier angekommen bist. Es sollte ein Zick-Zack entstehen.

2 Falte das orangene Zick-Zack Papier in der Mitte und klebe die beiden mittleren Streifen zusammen, sodass ein kleiner Fächer entsteht.

3 Damit der der Fächer besser trocknen kann und im Anschluss gut zusammenhält, fixiere ihn mit einer Wäscheklammer bis er trocken ist.

4 Befestige zum Schluss die Ohren aus Buntpapier und die Wackelaugen auf dem Fuchskopf. Am besten funktioniert das mit einem starken Kleber oder einem Heißkleber.

Viel Freude beim Falten!

DENKEN

MOTORIK

TIPP:

Es ist empfehlenswert gemeinsam mit dem Kind zu falten. Am besten ihr setzt euch nebeneinander, jeder legt das Blatt Papier vor sich hin und ihr beginnt gleichzeitig zu falten. So kann dein Kind, die einzelnen Faltschritt gut beobachten und nachahmen.

KÜRBIS-STECKSPIEL

KARTON/PAPPSCHACHTEL • ORANGENES TONPAPIER
CUTTER • KLEBER • STIFT • BAUSTEINE • SCHERE

Steckspiele sind besonders bei kleinen Kindern sehr beliebt. Sie sind eine tolle Beschäftigung, um die Fingerfertigkeiten und die Hand-Augen-Koordination deines Kindes zu fördern. Bei dem Steckspiel können schon die Kleinen mitmachen, gleichzeitig kann man die verschiedenen Formen benennen. Du kannst den Kürbis natürlich weglassen und einfach die Formen mit einem Cutter in den Karton schneiden. Wenn du keine Kunststoffspielsteine zu Hause hast, eignen sich Holzbausteine auch sehr gut dafür.

1. Schneide einen Kürbis aus einem orangenen Buntpapier aus

2. Klebe den Kürbis gut auf die Oberseite eines alten Kartons

3. Jetzt legst du verschiedene Bausteine aus Holz oder Kunststoff in Formen eines Gesichts auf den Kürbis. Anschließend kannst du die Steine mit einem Bleistift umranden.

4. Schneide die verschiedenen Formen nun mit einem Cutter aus. Ich würde hier ein bisschen großzügiger ausschneiden, wenn die Löcher etwas größer sind, passen die Bausteine besser durch die Öffnungen.

Viel Spaß beim Nachmachen!

2

3

4

SPIELEN

MOTORIK

TIPP:

Lass den Karton unten offen, so muss man ihn einfach nur hoch heben um wieder an die hineingeworfenen Steine zu kommen.

WÄSCHEKLAMMERN FLEDERMÄUSE

WÄSCHEKLAMMERN • FILZSTIFTE • KAFFEEFILTER • SCHERE

Falls ihr nach einer einfachen Last-Minute-Dekoration für Halloween sucht, dann sind diese Fledermäuse perfekt dafür. Man braucht nämlich nicht viel und sie sind schnell gemacht. Die Fledermäuse könnt ihr als Deko auf euren Esstisch legen oder sie auf euren Vorhang stecken, ich finde, beides sieht ganz toll aus.

1. Male mit einem Stift die Flügel der Fledermaus auf einen Kaffeefilter und schneide die Flügel anschließend aus.

2. Male ein beliebiges Muster mit Filzstiften auf die Flügel. Wenn du mehrere Farben verwendest, sieht es besonders schön aus.

3. Nun können die Kinder Wasser mit Pipetten auf den bemalten Filter tropfen. Dieser Schritt macht am meistens Spaß und bei dem können auch schon die Kleinsten super mitmachen.

4. Während die bemalten Kaffeefilter trocknen, male eine Wäscheklammer mit schwarzem Filzstift an. Befestigt Augen, Ohren und Zähne mit Kleber auf der Wäscheklammer. Schiebe zum Schluss die getrockneten, bunten Flügel in die Wäscheklammer.

Viel Spaß beim Nachmachen!

TIPP:

Wenn keine Zeit zum Trocknen bleibt, könnt ihr die Kaffeefilter auch einfach 1-2 Minuten mit eurem Haartrockner föhnen.

KÜRBIS-FENSTERBILD

KLEBEFOLIE • SEIDENPAPIER • SCHERE • BUNTPAPIER IN ORANGE UND SCHWARZ

Bei dieser Bastelarbeit können schon die Kleinsten gut und selbstständig mitmachen. Die Augen-Hand-Koordination deines Kindes wird trainiert, wenn es die bunten Ecken auf den Kürbis klebt. Wir haben die Kinderzimmerfenster mit den lustigen Kürbissen herbstlich dekoriert. Besonders schön sieht es aus, wenn die Sonne durch die Kürbisse scheint, denn dann leuchten die Farben so toll.

1. Male einen Kürbis auf ein orangenes Buntpapier.

2. Schneiden den Kürbis vorsichtig so aus, dass ein dünner Rahmen entsteht.

3. Befestige eine Klebefolie auf dem Kürbisrahmen. Die überstehende Folie schneidest du weg.

4. Schneide aus dem schwarzen Buntpapier einen Mund und Augen für den Kürbis aus und klebe beides auf die Folie. Schneide nun das Seidenpapier in kleine Ecken und verteile die bunten Ecken ebenfalls auf der Folie.

Viel Spaß beim Basteln!

2

3

4

TIPP:

Die Klebefolie wird eigentlich zum Einbinden und Schutz von Schulbüchern oder Heften verwendet. Wir basteln und spielen aber auch so gerne damit. Sie eignet sich gut für kleinere Kinder, da man keinen zusätzlichen Klebstoff verwenden muss um zum Beispiel Pompons oder Papierschnipsel darauf zu befestigen.

TRINKHALM LABYRINTH

TRINKHALME • KLEBER • SCHERE • EINEN KARTONDECKEL • EINE MURMEL

Meinen Kindern macht es immer große Freude aus Papierstrohhalmen zu trinken. Man kann die Halme aber nicht nur zum Trinken verwenden, sondern auch ganz schnell ein lustiges Labyrinth damit basteln. Du kannst das Labyrinth natürlich schwieriger oder einfacher gestalten, deiner Kreativität sind dabei keine Grenzen gesetzt. Bei diesem DIY-Spiel wird die Konzentration deines Kindes sowie seine Geschicklichkeit gefördert.

1. Zeichne mit Bleistift ein Labyrinth in den Kartondeckel.

2. Schneide die Trinkhalme in verschiedenen Längen auseinander.

3. Befestige die Trinkhalmstücke auf den Linien deines vorgezeichneten Labyrinths. Verwende dazu einen starken Kleber, damit die Trinkhalme gut auf dem Karton halten und beim Spielen nicht verrutschen. Ich habe dafür einen Heisskleber verwendet.

4. Male ein kleines Zeichen als Start und ein anderes Zeichen als Ziel in das Labyrinth. „Start" und „Ziel" habe ich mit einem Stern und einem Herz markiert.

Viel Spaß beim Spielen.

1

2

3

TIPP:
Achtet darauf, dass die „Gänge“ groß genug für eure Murmel sind und sie nicht stecken bleibt.

ZAHLENMONSTER

**KARTON • SCHRAUBDECKEL MIT SCHRAUBGEWINDE
WASSERFARBEN • PINSEL • WACKELAUGEN • CUTTER**

Eine einfache und witzige Upcycling-Spielidee zum Zählen lernen. Bei dieser Aktivität wird nicht nur das Zahlenverständnis der Kinder gefördert sondern gleichzeitig auch die Feinmotorik, durch das Auf- und Zudrehen der Schraubdeckel, trainiert.

1. Schneide die Schraubdeckel mit Schraubgewinde deiner Milchpackungen aus.

2. Male ein lustiges Monster mit Bleistift auf einen alten Karton. Zeichne anschließend 5-6 Kreise auf das Monster, die Kreise sollten genauso groß wie die Schraubdeckel sein.

3. Schneide die Kreise mit einem Cutter vorsichtig aus.

4. Male das Monster in beliebigen Farben an, ich habe Wasserfarben dazu verwendet, die leuchten so schön auf dem Karton.

5. Klebe die Verschlüsse der Milchverpackungen mit einem starken Kleber in die ausgeschnittenen Löcher auf die Rückseite eures Kartons.

6. Befestige zusätzlich noch eine Kartonplatte auf der Rückseite mit einem Streifen Klebeband. So halten die Verschlüsse besser im Karton und das Spiel ist robuster.

7. Schreibe verschiedene Zahlen in die Kreise. Und klebe anschließend die gleiche Anzahl an Wackelaugen auf die weißen Schraubdeckel.

Viel Spaß beim Zählen und Zuordnen!

1 2 3 4 5 6

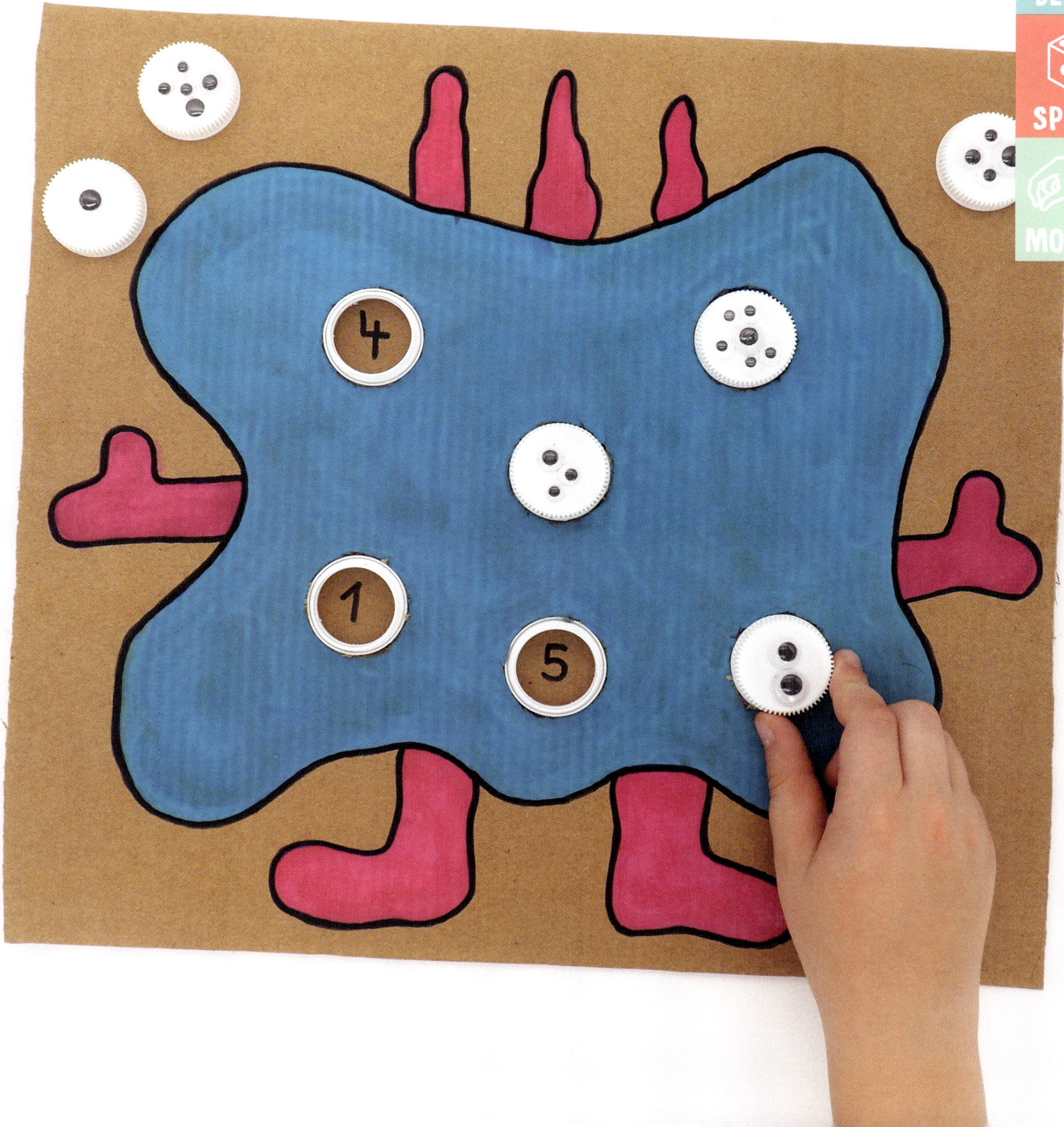
4
1
5

PUSTE-IGEL

WEISSES PAPIER • DUNKEL- UND HELLBRAUNES PAPIER • STROHHALM WASSERFARBEN • PINSEL • SCHERE • KLEBER

Unsere Puste-Igel sind eine schnelle Herbst-Bastelei, die gleichzeitig auch die Mundmuskulatur deines Kindes trainiert. Durch das Pusten wird außerdem der Spannungsaufbau und die Kräftigung der Lippen- und Zungenmuskulatur gestärkt. Es wirkt sich außerdem positiv auf die Zwerchfellaktivität aus und fördert die Luftführung und Dosierung des Luftstroms. Auch im sprachlichen Bereich bringt das Pusten viele Vorteile, es ist nämlich eine gute Vorbereitung der Lautbildung „s", „sch" und „f".

1. Male mit brauner Wasserfarbe einen Bogen auf ein weißes Papier. Tauche den Pinsel nochmal ins Wasser und male den Bogen mit dem Wasser nach, so gelingt das Pusten später besser.

2. Jetzt kommt der lustigste Teil dieser Bastelarbeit: Das Pusten mit dem Strohhalm. Mit dem Strohhalm wird von innen nach außen gepustet, so entstehen dann die Igelstacheln.

3. Wenn alles getrocknet ist, schneide zwei braune Bögen aus dem Buntpapier und klebe diese auf den Stachelbogen.

4. Zum Schluss kannst du dem Igel noch Augen, Nase und einen Mund malen.

Viel Spaß beim Pusten!

1

2

3

WINTER

QUETSCHIE-TANNENBAUM

KARTON • QUETSCHIE-STÖPSEL + VERSCHLÜSSE • WASSERFARBEN + PINSEL

Ein Upcycling-Spiel, bei dem dein Kind die Farben erkennen und richtig zuordnen können. Durch das Auf- und Zuschrauben der Stöpsel wird die Feinmotorik und die Fingermuskulatur gestärkt und trainiert. Besonders für kleine Kinder eine gute Übung bei der sie lange beschäftigt sind. Damit sich dein Kind die Farbnamen noch besser einprägen kann, wäre es hilfreich die Namen laut zu wiederholen und das Spielen sprachlich zu begleiten.

1. Zeichne einen Tannenbaum mit Bleistift auf die Oberseite eines alten Kartons vor.

2. Male den Tannenbaum mit Wasserfarben an. Ich habe noch einen gelben Papierstern auf die Tannenbaumspitze geklebt.

3. Nachdem der Christbaum gut getrocknet ist, schneide mit einem Cutter ein paar Schlitze in den Tannenbaum. Achte darauf, dass die Schlitze nicht zu groß sind.

4. Stecke die Verschlüsse mit ein bisschen Druck in die Schlitze. Zusätzlich kann man die Verschlüsse bei Bedarf auch noch mit Kleber befestigen.

Viel Spaß beim Christbaum schmücken!

SPIELIDEE:

Du kannst deinem Kind, eine Farbe nennen, das Kind sucht die jeweilige Farbe im Körbchen und schraubt sie anschließend auf den Tannenbaum.

PARKPLATZ ABC

KLEINE AUTOS • PAPIER • STIFT
SCHERE • KLEBEBAND • ALTER KARTON (GRÖSSE MIND. A4)

Falls du zu Hause auch einige kleine Spielzeugautos hast und dein Kind gerne damit spielt, habe ich das perfekte Lernspiel für dein Kind. Auf den Parkplätzen stehen verschiedene Buchstaben, dieselben Buchstaben kleben auch auf den Autos. Dein Kind kann versuchen, die Buchstaben-Autos in die richtigen Garagen zu parken. Das ganze funktioniert natürlich auch mit Formen oder Farben.

1. Auf einem Stück alten Karton malst du mit einem Bleistift und einem Lineal einen Parkplatz. Auf jeden Parkplatz schreibst du einen beliebigen Buchstaben. Natürlich kannst du auch Formen, Farben oder Zahlen wählen. Ziehe den Parkplatz mit einem schwarzen Filzstift nach, so sind die Parkplätze noch besser zu erkennen.

2. Schneide nun kleine Quadrate aus einem Papier aus. Schreibe nun auf jedes Quadrat einen Buchstaben. Zu jedem Buchstaben auf dem Karton sollte es einen Buchstaben auf einem Papierstück geben.

3. Zum Schluss befestige die kleinen Zettelchen mit einem Streifen Klebeband auf den Autodächern der Spielzeugautos. Jedes Auto kann jetzt mit dem richtigen Buchstaben-Parkplatz zugeordnet werden.

Viel Spaß beim Nachmachen!

1

HAST DU GEWUSST:

Kinder lernen lieber und besser, wenn ihr Gehirn einen Bezug zu den Lerninhalten herstellen kann. Die neuen Informationen sollten für dein Kind greifbar sein und auf sein Alter und seine Interessen angepasst sein. Neues lernen Kinder am besten anhand von alltäglichen Situationen und mit Materialien, die sie aus ihrem Alltag kennen.

ADVENTSPIRALE

2 TASSEN MEHL • 1 TASSE WASSER • 1 TASSE SALZ
EIN PAAR TROPFEN SPEISEÖL

Die Adventsspirale ist zu einer Tradition geworden und darf bei uns in der Vorweihnachtszeit auf keinen Fall fehlen. Die Spirale geht ganz einfach. Sie veranschaulicht den Kindern wie viele Tage sie noch bis Weihnachten warten müssen. Eine schöne Idee ist es, gemeinsam im Schein der Kerze weihnachtliche Lieder zu singen oder kurze Geschichten zu lesen.

1. Mische alle Zutaten in einer Schüssel zusammen.

2. Verknete die Zutaten gut miteinander bis ein Teig entsteht. Der Teig sollte nicht mehr an den Fingern kleben bleiben. Sollte das der Fall sein, füge noch ein bisschen Mehl hinzu.

3. Rolle eine lange Schlange aus dem Teig. Achte dabei darauf, dass die Schlange nicht zu dünn ist, sonst bricht die Spirale später leichter. Forme aus der Salzteig-Schlange nun eine Spirale. In der Mitte kannst du ein Teelicht platzieren.

4. Nimm eine Murmel und drücke ganz vorsichtig 24 kleine Mulden in deine Spirale.

1

3

4

IDEE:

Ich finde die Spirale ein total schönes Ritual in der besinnlichen Adventzeit. Meine Jungs spielen aber auch gerne einfach so damit und legen Murmeln, Muggelsteine oder Pompons in bestimmter Reihenfolge in die Spirale. Dabei entsteht ein tolles Spiel zur Förderung der Feinmotorik.

SPRACHE

SINNE

SCHNEEBALL RECHENMASCHINE

KLEINE KISTE/KARTON • KÜCHENROLLEN • KLOROLLEN STIFT • WEISSE POMPONS

Als meine Kinder im Rechen- und Zahlenfieber waren, ist mir diese coole Ideen mit der selbst gemachten Rechenmaschine eingefallen. Zum „Plus-Rechnen“ üben einfach die jeweilige Anzahl an Pompons durch die beiden Rollen werfen und am Ende alle Schneebälle zusammenzählen. Das Rechnen mit den Schneebällen macht so viel Spaß und nach jeder geschafften Rechnung waren meine Kinder ganz stolz auf sich selbst.

1. Entferne den Deckel deines Kartons. Diesen kannst du für später oder zum weiteren Basteln aufheben.

2. Stelle den Karton auf und zeichne 2 Kreise nebeneinander auf die Oberseite. Die Kreise sollten so groß sein, dass du deine Klorolle durchschieben kannst. Achtung: Die Klorolle sollte nicht durchrutschen!

3. Schneide die beiden Kreise mit einem Cutter aus, sodass zwei Löcher entstehen und stecke die Klorollen in die Löcher.

4. Schneide deine Küchenrolle nun in viele, gleichgroße Ringe und beschrifte diese mit verschiedenen Zahlen. Diese Küchenrollen-ringe kannst du ganz einfach auf die Klorollen stecken. Wenn du willst kannst du den Karton auch noch winterlich verzieren oder anmalen.

Viel Freude beim Rechnen!

2 3 4

GUT ZU WISSEN:

Die Klorollen sind etwas kleiner als die Küchenrollen, somit kann man die Ringe von der leeren Küchenrolle ganz einfach auf die Klorolle stecken. Man kann die Zahlen die man zusammenzählen möchte immer wieder austauschen und so neue Rechnung erstellen.

RENTIER-HANDABDRUCK

BRAUNE FINGERFARBEN • ALTEN KARTON • SCHERE
KLEBER • POMPONS • TONPAPIER • WEISSES PAPIER

Meine Kinder finden das Hände bemalen immer ganz lustig, es kitzelt ihre Handflächen, wenn man mit dem Pinsel darüber malt. Handabdrücke der Kinder sind eine ganz schöne Erinnerung und vor allem persönliche Geschenke.

1. Bemale die Hand deines Kindes mit der braunen Fingerfarbe. Das kann dein Kind natürlich auch alleine machen, wenn es möchte.

2. Nun drücke die Hand vorsichtig auf einen alten Karton. Wenn der Handabdruck getrocknet ist, schneidest du ihn aus.

3. Schneide nun aus braunem Tonpapier einen Rentierkopf aus und klebe ihn auf den Handabdruck.

4. Schneide aus weißem Tonpapier zwei kleine Ovale für die Augen aus und male mit einem Filzstift in jedes Auge eine schwarze Pupille. Klebe die Augen und einen roten Pompon als Nase auf dein Rentier.

Viel Spaß beim Nachmachen!

1 2 3

IDEE:

Die Handabdruck-Rentiere eignen sich auch gut als Christbaumschmuck, dazu kannst du ein Loch in den Karton stechen, eine schöne Schnur durchfädeln und verknoten. Oder du verwendest sie als Geschenkanhänger, schreibst einen Namen auf die Rückseite und befestigst ihn auf einem Geschenk.

PFEIFFENPUTZER SCHNEEFLOCKEN

VERSCHIEDENE PERLEN • PFEIFFENPUTZER IN BLAU UND WEISS • SCHNUR

Eine schöne winterliche Bastelarbeit, bei der die Feinmotorik und die Konzentration des Kindes gefördert wird. Die Perlen auf den Draht zu fädeln trainiert die einzelnen Muskeln in den Fingern und erfordert viel Gefühl. Es entstehen wunderschöne Schneeflocken, die als Winterdekoration auf den Tisch oder das Jahreszeitenregal gelegt werden können, man könnte sie auch mit Klebeband auf dem Fenster befestigen.

1. Schneide den Pfeiffenputzer in vier gleich große Stücke.

2. Verknote die vier Drahtstücke so miteinander, dass ein Stern entsteht.

3. Fädele nun die verschiedenen Perlen beliebig auf den Draht. Je bunter die Perlen, desto auffälliger wird deine Schneeflocke.

4. Zum Schluss kannst du noch kleine Zacken aus den Drahtresten formen und auf der Schneeflocke befestigen.

Viel Spaß beim Fädeln!

2

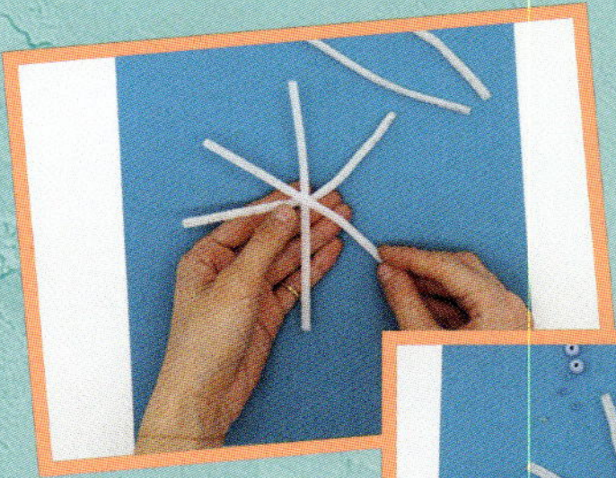

3

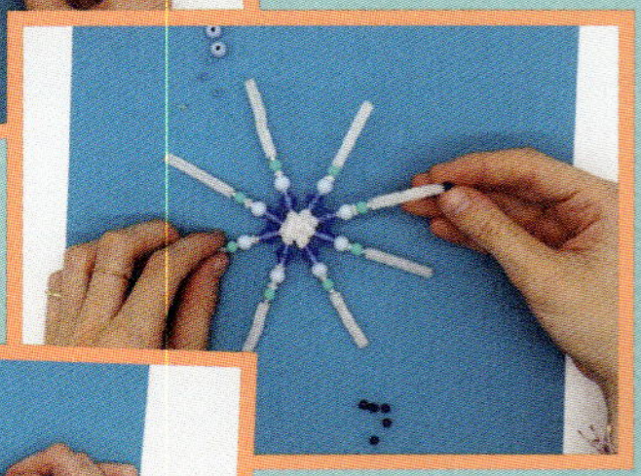

4

VARIANTE:

Die hübschen Schneeflocken kann man auch gut als Christbaumschmuck verwenden, dazu einfach mit einer Schnur eine Schlaufe auf der Flocke befestigen.

CHIA-SPIELSCHLEIM

60 G CHIASAMEN • 400 ML WASSER • 270 G MAISSTÄRKE • EVTL. LEBENSMITTELFARBE

Dein Kind wird den ungiftigen Schleim lieben. An den Händen fühlt er sich toll an und man kann ihn mit anderem Spielzeug wie z.B. Spielzeugtieren, Bausteine aus Kunststoff oder Schöpflöffel kombinieren. Er eignet sich super für kleinere Kinder, da er ungiftig ist und es nicht weiter schlimm ist, wenn während dem Spielen ein bisschen davon im Mund landet. Du musst dir keine Sorgen bezüglich schädlicher Inhaltsstoffe machen, der Schleim besteht nur aus ungiftigen Produkten, die du im Supermarkt kaufen kannst und daher kann dein Kind bedenkenlos damit spielen und experimentieren.

1. Chia-Samen ins Wasser geben und am besten über Nacht im Kühlschrank, oder 3-4 Stunden, im Wasser quellen lassen. Die Samen saugen sich mit dem Wasser voll und es entsteht eine klitschige Masse.

2. Nachdem sich die Samen mit dem Wasser vollgesaugt haben, kannst du bei Bedarf noch ein paar Tropfen Lebensmittelfarbe dazu geben und gut verrühren. Dann bekommt euer Schleim eine schöne, bunte Farbe.

3. Gebe nun die Speistärke zu der Chiasamen-Wasser-Mischung dazu. Verknete das Ganze gut, bis es eine schleimige Konsistenz bekommt. Je mehr Stärke ihr hinzufügt, desto weniger klebrig/schleimig wird er.

SINNE

SPIELEN

TIPP:

Biete den Schleim in der leeren Badewanne an, dann hast du hinterher nicht so viel zum Aufräumen und Putzen. Der Schleim ist wasserlöslich und macht keine Flecken, man kann ihn aus der Kleidung waschen, von Tisch und Boden wischen und leicht aus dem Teppich entfernen. Wenn der Schleim mit sauberen Händen bespielt wird, ist er gekühlt und luftdicht verschlossen ca. 1 Woche lang haltbar.

GUT ZU WISSEN:

Das Spielen mit dem Schleim fördert die taktile Wahrnehmung, also den Tastsinn deines Kindes. Die Haut ist unser größtes Sinnesorgan, über sie nimmt dein Kind eine Fülle an Informationen auf, die einen Einfluss auf sein Tun, seinen Zustand und seine Entwicklung haben.

NIKOLAUSBART STECKEN

ALTER KARTON/KISTE • HOLZSTÄBCHEN • FINGERFARBE • BUNTPAPIER OHRSTÄBCHEN • SCHERE • KLEBER

Das Markenzeichen des Nikolaus ist sein Bart. Dieser sollte immer schön groß und buschig sein. Damit das auch so bleibt, müssen die Löcher im Bart gestopft werden. Das geht am besten mit Ohrenstäbchen, die haben wir nämlich alle zu Hause. Dieses Spiel ist eine tolle Feinmotorik-Übung für dein Kind, die zusätzlich noch die Augen-Hand-Koordination fördert. Und denk immer daran, der heilige Nikolaus war ein großzügiger Bischof, der alle Kinder beschenkt hat und nicht nur den „Braven“ etwas gebracht hat. Der Nikolaus sollte keine „Erziehungsmaßnahme“ sein.

1. Male einen Nikolauskopf mit weißem Bart auf einen Karton. Ich habe dazu Wasserfarben verwendet.

2. Male den Nikolaus mit einem schwarzen Filzstift nach, nachdem er gut getrocknet ist.

3. Schneide ein paar Ohrstäbchen in der Hälfte auseinander und gebe sie in einen kleinen Behälter.

4. Nimm ein Holzstäbchen und steche damit ein paar Löcher in den weißen Nikolo-Bart.

Viel Spaß beim Spielen!

2

3

4

IDEE:

Das kannst du natürlich mit allen möglichen Motiven nachmachen z.B. einen Fliegenpilz auf einen Karton malen, Löcher stechen und die Wattestäbchen stellen die weißen Punkte auf dem Pilz dar. Oder einen Igel auf einen Karton malen, die Wattestäbchen mit Filzstift braun bemalen, Löcher stechen und die Stäbchen stellen die Stacheln des Igels dar.

LUSTIGE SCHNEEMÄNNER

**WEISSE MUFFINFORMEN • ALTE KNÖPFE • STIFTE
KLEBER • BUNTES TONPAPIER**

Ich bin ein riesiger Fan von einfachen und schnellen Bastelarbeiten. Die Bastelei darf nicht zu lange dauern, sie darf nicht zu viel Aufwand sein und man darf nicht allzu viele Materialien dafür benötigen. Die lustigen Schneemänner sind eine der einfachsten Bastelarbeiten überhaupt. Sie sehen toll aus und schmücken das Kinderzimmer im Winter.

1. Klebe 3 weiße Muffinförmchen übereinander auf ein buntes Tonpapier.

2. Klebe ein paar alte Knöpfe in die 2 unteren Muffinförmchen.

3. Zeichne in die oberste Muffinform ein Schneemann-Gesicht mit Karottennase. Du kannst das Gesicht mit Filzstiften zeichnen oder aus bunten Papier ausschneiden und in die Form kleben.

4. Schneide noch einen Hut aus schwarzem Tonpapier aus und klebe ihn über die oberste Muffinform. Zum Schluss kannst du noch Arme für den Schneemann ausschneiden und aufkleben.

Viel Spaß beim Nachbasteln!

TIPP:

Für den letzten Feinschliff kannst du mit weißer Fingerfarbe und deinem Finger lustig winterliche Schneeflocken rund um deinen Schneemann stempeln.

GABEL-EISBÄR

GABEL • WEISSE FINGERFARBE
DUNKLES PAPIER • PAPIER • STIFTE • SCHERE

Habt ihr schon mal versucht, mit einer Gabel zu stempeln? Falls nicht, müsst ihr es unbedingt ausprobieren. Diese witzigen Gabel-Eisbären eignen sich hervorragend dafür. Dein Kind kann den Eisbärkopf ganz einfach mit einer Gabel stempeln, das sieht dann ein bisschen wie das zottelige Eisbärfell aus. Das Schöne an dieser Bastelarbeit ist, dass sie dein Kind ganz selbstständig und fast ohne Hilfe gestalten kann.

1. Bereite weiße Fingerfarbe, ein dunkles, dickeres Papier und eine Gabel vor.

2. Stempel mit der Gabel und der weißen Fingerfarbe einen großen Kreis auf ein dunkles Papier. Das kann recht wild sein und muss nicht genau sein.

3. Schneide Ohren aus weißem und rosa Papier aus und klebe sie auf den Eisbärkopf.

4. Zum Schluss male dem Eisbären noch Augen auf. Schneide dazu 2 weiße, kleine Kreise aus und male einen schwarzen Punkt in die Mitte. Du kannst natürlich auch Wackelaugen verwenden.

Viel Spaß beim Stempeln!

1

2

3

TIPP:

Wenn dein Kind schon weiter basteln möchte und nicht warten möchte bis der Kopf getrocknet ist, kannst du das Bild einfach ein paar Minuten mit dem Handföhn trocknen.

FORMEN SINNESBEUTEL

ZIP-BEUTEL • LEBENSMITTELFARBE • HAARGEL (GERUCHLOS) • KARTON • STIFT

Mit den praktischen Zip-Beuteln kann man so coole DIY-Spiele gestalten. So wie diesen Sinnesbeutel, in dem man die verschiedensten Muster, Formen, Buchstaben oder Zahlen hinein zeichnen kann. Dein Kind kann das entweder mit dem Finger, aber auch mit einem Pinsel oder Bastelstäbchen machen. Dabei wird gleichzeitig die richtige Stifthaltung geübt. Auch für Vorschulkinder eignet sich der Sinnesbeutel, ihr könnt z.B. Zahlen nennen und dein Kind schreibt diese ohne Vorlage in den Beutel.

1. Mithilfe von einem Wattepad und ein paar Tropfen Nagellackentferner entfernst du die weiße Beschriftung auf dem Zip-Beutel.

2. Fülle das Haargel, im besten Fall sollte es geruchlos sein, in einen Zip-Beutel. Ich empfehle dir, einen qualitativ hochwertigeren Beutel zu kaufen, da die günstigen Zip-Beutel leichter und schneller reißen bzw. undicht werden.

3. Nun kannst du ein paar Tropfen Lebensmittefarbe dazu geben, damit der Sinnesbeutel eine schöne Farbe bekommt. Den Zip-Beutel danach gut verschließen und das Gel mit der Farbe vorsichtig vermischen.

4. Aus einem alten Karton schneidest du kleine Quadrate aus, auf die du dann verschiedene Formen oder Zahlen schreibst. Diese kann das Kind anschließend in den Sinnesbeutel schreiben.

Viel Spaß beim Nachmachen!

1

3

4

DENKEN

SINNE

TIPP:

Damit der Beutel gut am Tisch hält und nicht verrutscht, kannst du ihn mit einem dicken Klebeband oben und unten festkleben.

WEIHNACHTS-PUZZLE

ALTER KARTON • PAPIER • STIFTE
SCHERE • KLEBER

Selbstgebastelte Puzzle lassen sich super für jede Saison erstellen. So ein selbstgemachtes Puzzle kannst du natürlich mit allen möglichen Motiven basteln. Besonders kleinen Kindern gefällt das Bilder zusammensuchen meistens sehr gut und sie sind lange damit beschäftigt.

1. Male beliebige Motive auf ein Blatt Papier. Ich habe mich für weihnachtliche Motive entschieden.

2. Schneide die Motive aus.

3. Klebe die Motive gut auf einen dünnen, viereckigen Karton.

4. Schneide die Karton-Vierecke nun in der Mitte auseinander.

Viel Spaß beim Puzzeln!

TIPP:

Für ältere Kinder kannst du das Puzzle in 4 Teile schneiden oder sogar schräg durchschneiden, dann ist es etwas anspruchsvoller.

BUCHEMPFEHLUNGEN FÜR DICH

Noch mehr Kreativ-Bücher zum gleichen Thema gesucht?

ISBN 978-3-7358-9064-1

ISBN 978-3-7358-9058-0

ISBN 978-3-7724-4622-1

ISBN 978-3-7358-9235-5

ISBN 978-3-7358-9236-2

ISBN 978-3-7358-9257-7

ISBN 978-3-7358-9171-6

ISBN 978-3-7358-9025-2

#TOPPPROJEKT

Die eigene Kreativität zeigen: TOPPprojekt mit anderen Kreativen teilen und Teil der Gemeinschaft werden.

DIY-begeistert und auf Instagram? Dann unbedingt mitmachen! Hier gibt's Tipps und Feedback zu den eigenen Projekten. Außerdem verlosen wir jeden Monat ein Überraschungspaket. Um am Gewinnspiel teilzunehmen, einfach ein Bild vom Kreativ-Projekt aus unseren Büchern mit #TOPPprojekt posten und unserem Account @frechverlag folgen. Mehr Infos auf TOPP-kreativ.de/TOPPprojekt

Website
Auf TOPP-kreativ.de kannst du ein riesiges Angebot von über 1.000 Kreativbüchern, Sets & mehr entdecken.

Newsletter
Gleich anmelden unter: TOPP-kreativ.de/newsletter und immer als Erstes von unseren Neuheiten und Sonderaktionen erfahren.

Instagram
@frechverlag

Pinterest
pinterest.com/frechverlag

Facebook
facebook.com/frechverlag

DigiBib
Hier findest du zusätzlich zu vielen unserer Bücher digitale Extras, wie Video-Tutorials, Plotter-Dateien, Vorlagen, Übungsblätter & vieles mehr. Einfach im Impressum deines TOPP-Buchs den Freischalte-Code nachschlagen und exklusive Inhalte freischalten. TOPP-kreativ.de/digibib

Youtube
youtube.com/frechverlag

REGISTER

SPRACHE

DENKEN

SINNE

SPIELEN

MOTORIK

DANKE

Mein größter Dank geht an meinem Mann, der mir genügend Zeit eingeräumt hat, dieses Bastelbuch zu schreiben und mich von Anfang an dabei unterstützt hat. Der sehr geduldig, oft bis spät in die Nacht, jedes einzelne Bild in diesem Buch mit mir gemeinsam fotografiert und bearbeitet hat. Ohne ihn wäre es nicht möglich gewesen das Buch zu schreiben, ich bin ihm unglaublich dankbar, dass er sich selbst hinten angestellt hat, um gemeinsam mit mir meinen Traum zu verwirklichen. Dankeschön, dass du nach deinen langen Arbeitstagen, die Betreuung der Kinder übernommen und mir die Zeit gegeben hast, an diesem Buch zu arbeiten.

Ich möchte mich besonders bei meinen 3 Kindern bedanken, die in der Zeit des Buchschreibens öfter mal zurückstecken mussten. Ich danke ihnen, sie haben mich bei vielen Projekten unterstützt und mir tatkräftig beim Basteln geholfen.

Dankeschön an meine Familie und meine Freude, die mich in fordernden Momenten immer wieder motiviert und mir gut zugesprochen haben. Danke für die großzügige Unterstützung bei der Kinderbetreuung, ohne die das Schreiben nicht funktioniert hätte.

Ich danke auch allen Eltern und PädagogInnen, die meine Arbeit auf Instagram die letzten Jahre unterstützt haben. Die meine Bastel- und Spielideen mit ihren Kinder nachgemacht und ausprobiert haben. Ich bin dankbar und freue mich über so eine tolle und vor allem wertschätzende Community.

Ein herzliches Danke an meine Redakteurin Mirjam Buchwald, die mir die Chance gegeben hat dieses Bastelbuch für euch zu schreiben. Mirjam hatte viel Geduld mit mir, Verständnis für verspätete Abgaben, hat immer versucht mir möglichst wenig Druck beim Schreiben zu machen und hatte rund um die Uhr ein offenes Ohr für meine Fragen. Danke, dass du alle meine Ideenvorschläge berücksichtigt und diese dann auch wunderbar im Buch umgesetzt hast.

Ich danke jeden einzelnen von euch, der dieses Buch in den Händen hält und sein Kind damit bestmöglich fördern möchte. Danke für euer Vertrauen in mich und meine Ideen. Danke, dass du dir die Zeit nimmst, dich aktiv mit deinem Kind zu beschäftigen und ihm das Gefühl gibst, gut zu sein, so wie es ist, mit all seinen Stärken und Schwächen.

Liebste Grüße

Juliane

DIE AUTORIN

Juliane Jakubek ist Elementarpädagogin, Bloggerin, Autorin, Ehefrau, Mutter von drei Kindern und lebt in Wien. Seit mehreren Jahren teilt sie ihre Spiel- und Bastelideen, Rezepte sowie Tipps im Bereich Kinder und Familie auf Instagram und hat eine sehr breite Leserschaft. Der Schwerpunkt liegt dabei auf möglichst zugänglichen Materialien und dem pädagogischen Mehrwert.

Weitere Spielideen findest du auf ihrer Instagramseite @diekindergartenpaedagogin oder auf ihrem Blog www.kindergartenpaedagogin.com

IMPRESSUM

FOTOS: frechverlag GmbH, 70839 Gerlingen; Cover und Kapitelaufmacher: lichtpunkt, Michael Ruder, Stuttgart; restliche Fotos: Juliane Jakubek
PRODUKTMANAGEMENT UND LEKTORAT: Mirjam Buchwald
COVERGESTALTUNG: Eva Hook
HERSTELLUNG UND LAYOUT: Jessica Siebert
SATZ: Werbeagentur Rypka GmbH.
DRUCK UND BINDUNG: GPS Group

MIX
Papier | Fördert gute Waldnutzung
FSC® C118234

Penguin Random House Verlagsgruppe FSC® N001967

7. Auflage 2025

ISBN 978-3-7358-9045-0 • Best.-Nr. 29045

Kreativ-Hotline

Hilfestellung zu allen Fragen, die Materialien und Bücher zu kreativen Hobbys betreffen: Wir beraten dich. Ruf an oder schreib eine E-Mail!

Telefon: 0711 / 123 757 20*

E-Mail: mail@kreativ-service.info

*normale Telefongebühren